A Dragon's Life

Adult Coloring Book

By Mary Ellen D. Lee

Publishing services provided by:

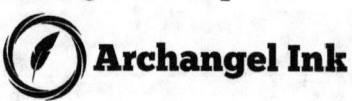 Archangel Ink

ISBN-13: 978-1-950043-03-3

Contents

Dragon Gamer 4

Dragon's Toasting Marshmallow's 6

Dragon Yoga 8

Dragon Reading 10

Dragon 40's Army Movie 12

Dragon Skateboard 14

Dragon 5-K 16

Dragon Camping 18

Dragon Dogwalker 20

Dragon Surfer 22

Dragon Witch 24

Dragon Hobo 26

Dragon Cosplay 28

Dragon Hiker 30

Drago Lisa 32

Dragon Mime 34

Dragon Parachute 36

Dragon Ballerina 38

Dragon Hippy 40

Dragon Scuba Diving 42

Dragon Wedding 44

Dragon Girl on Bed 46

Dragon Unity 48

Dragon Graduate 50

Dragon Chinese New Year 52

Dragon Picture Board 54

Dragon Halloween Costumes 56

Dragon Military Color Guard 58

Dragon Motorcycle 60

Dragon Delivery 62

Dragon Gamer

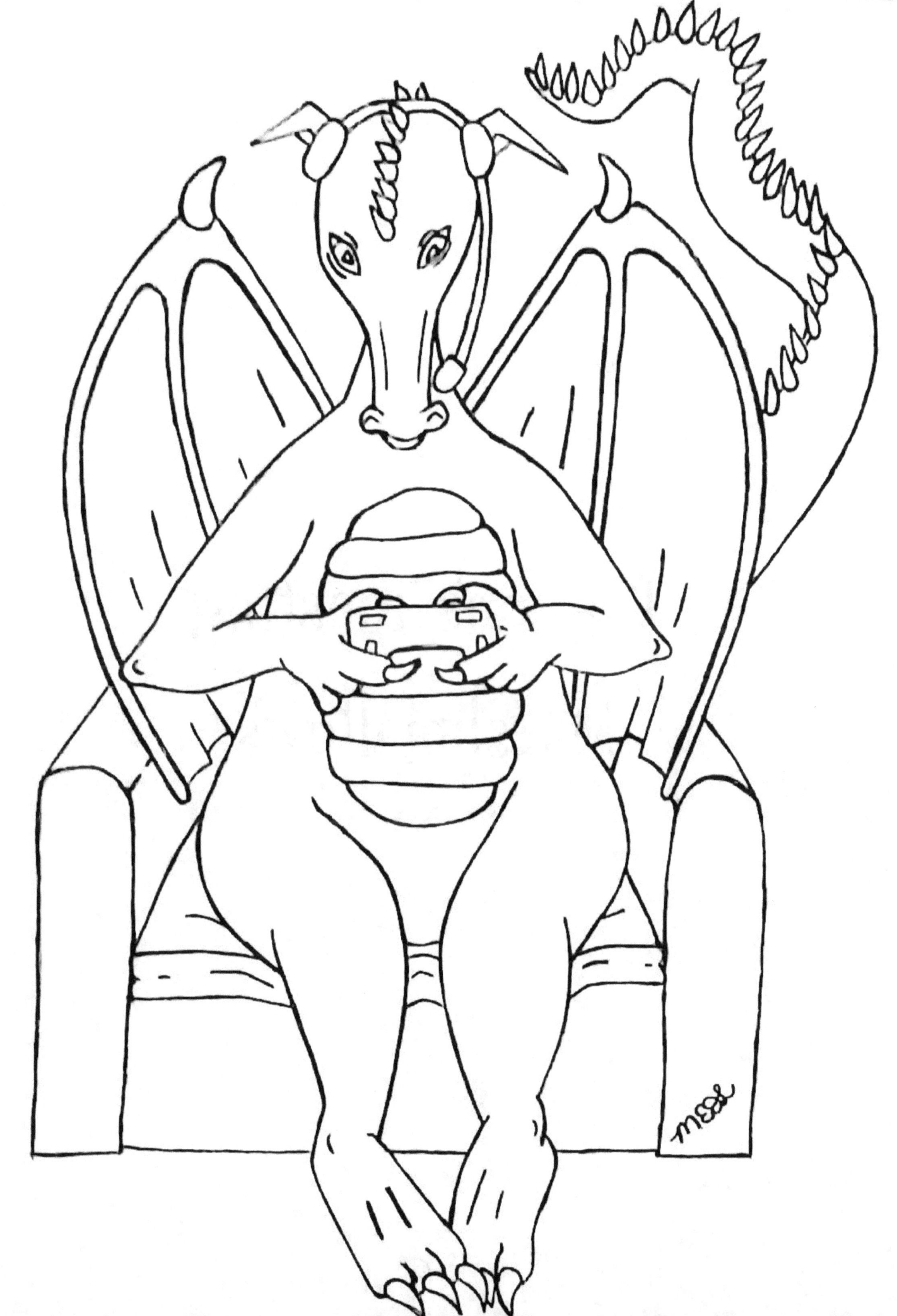

Dragon's Toasting
Marshmallow's

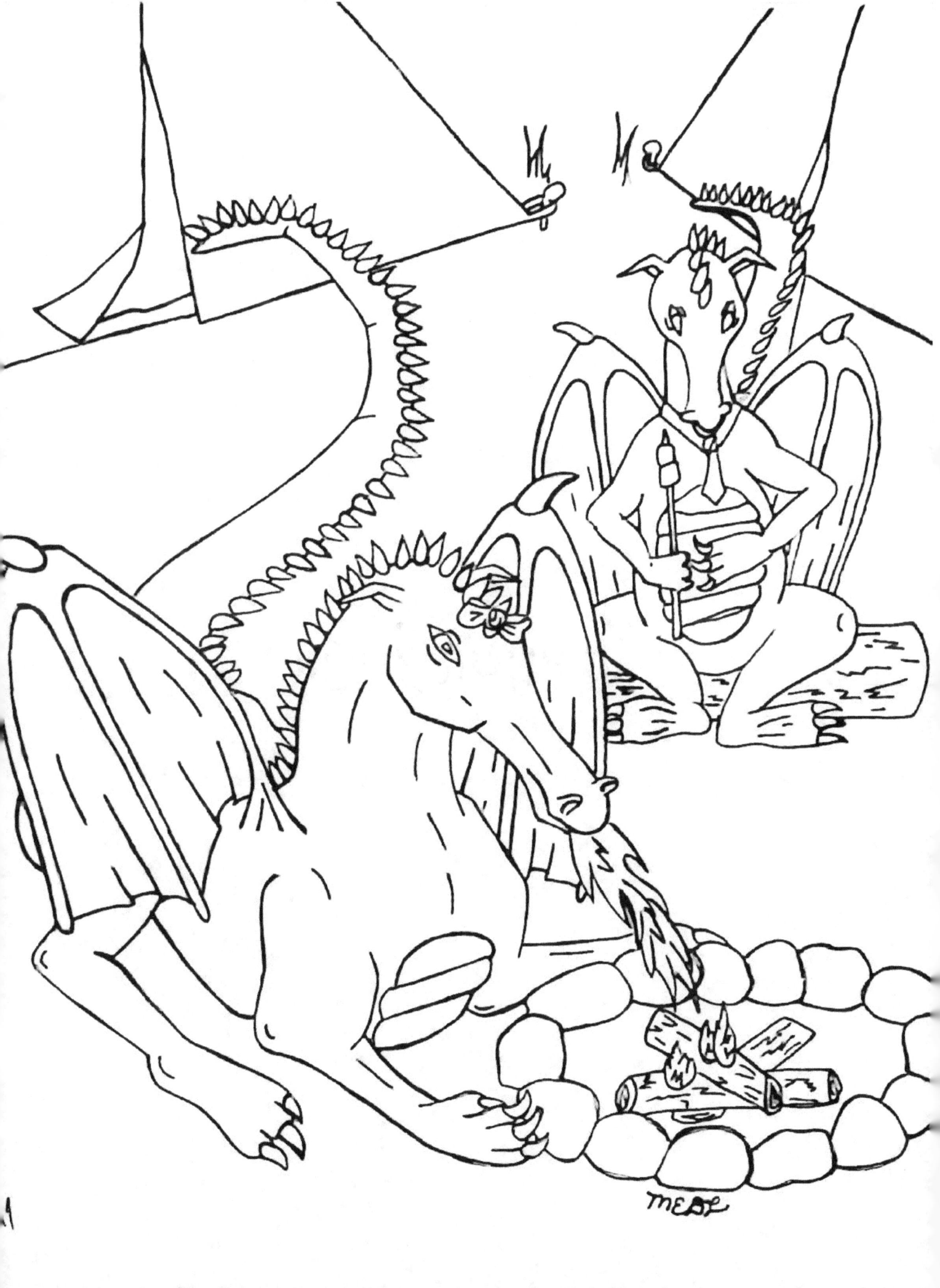

Dragon Yoga

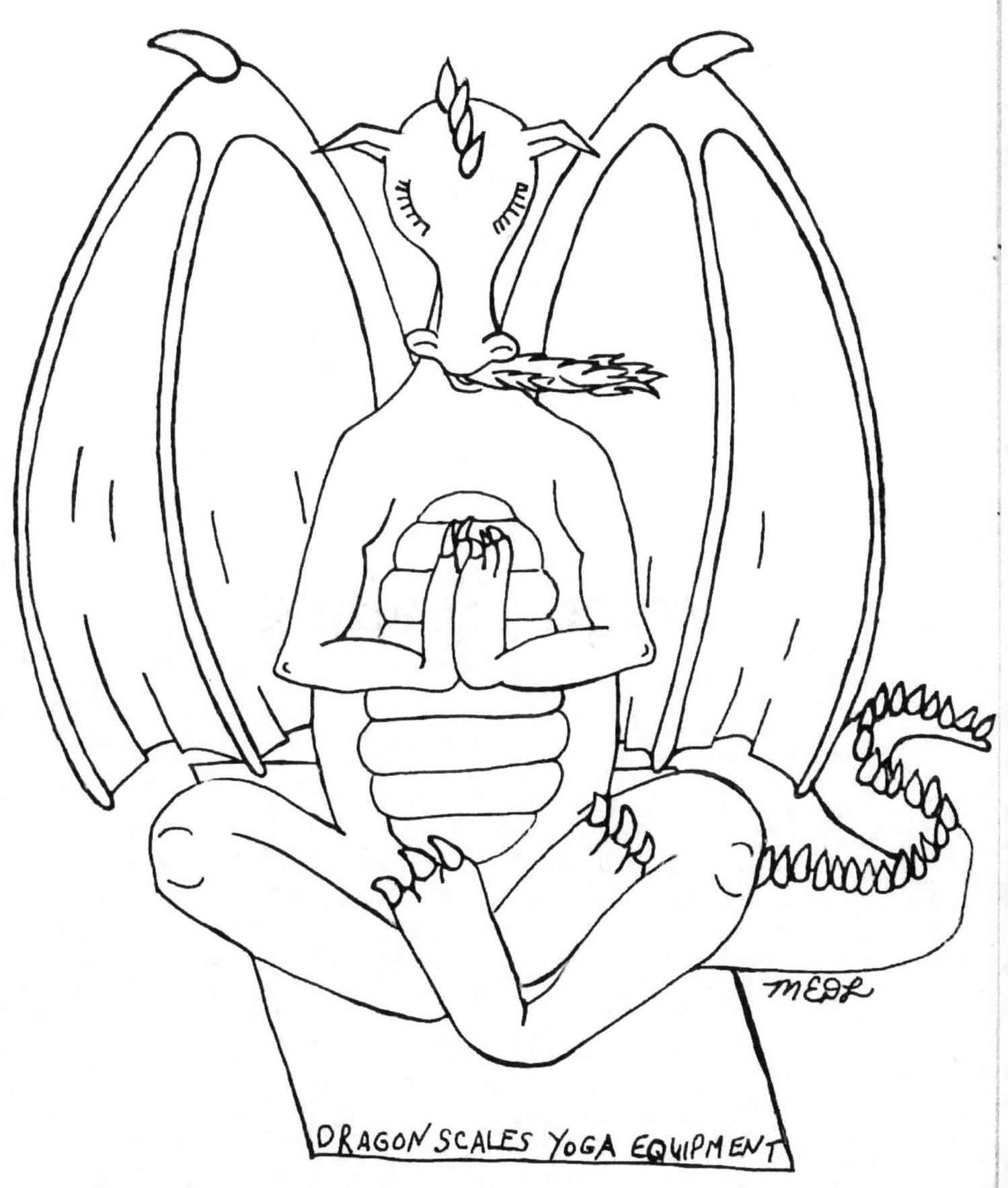

DRAGON SCALES YOGA EQUIPMENT

Dragon Reading

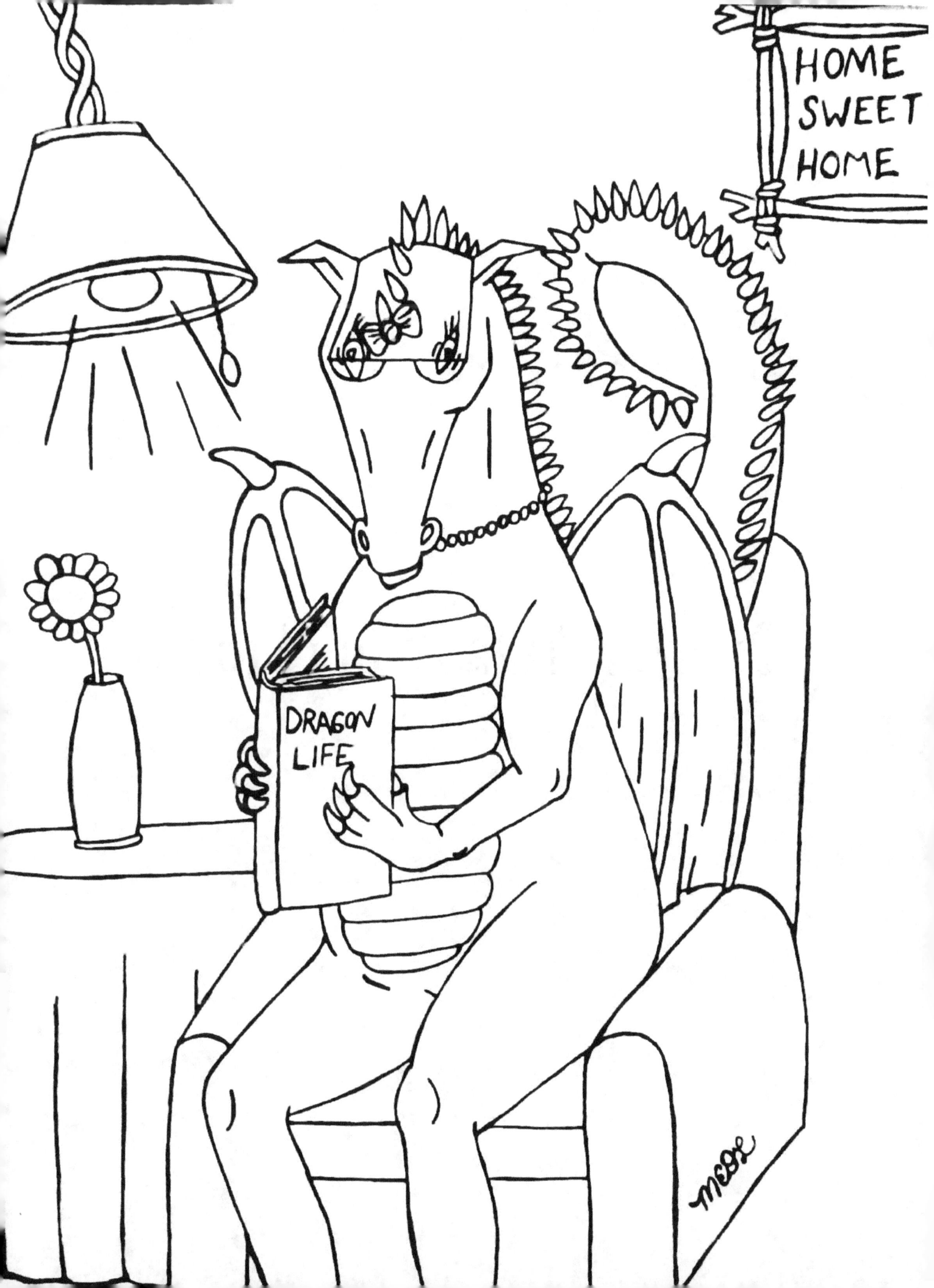

Dragon 40's Army Movie

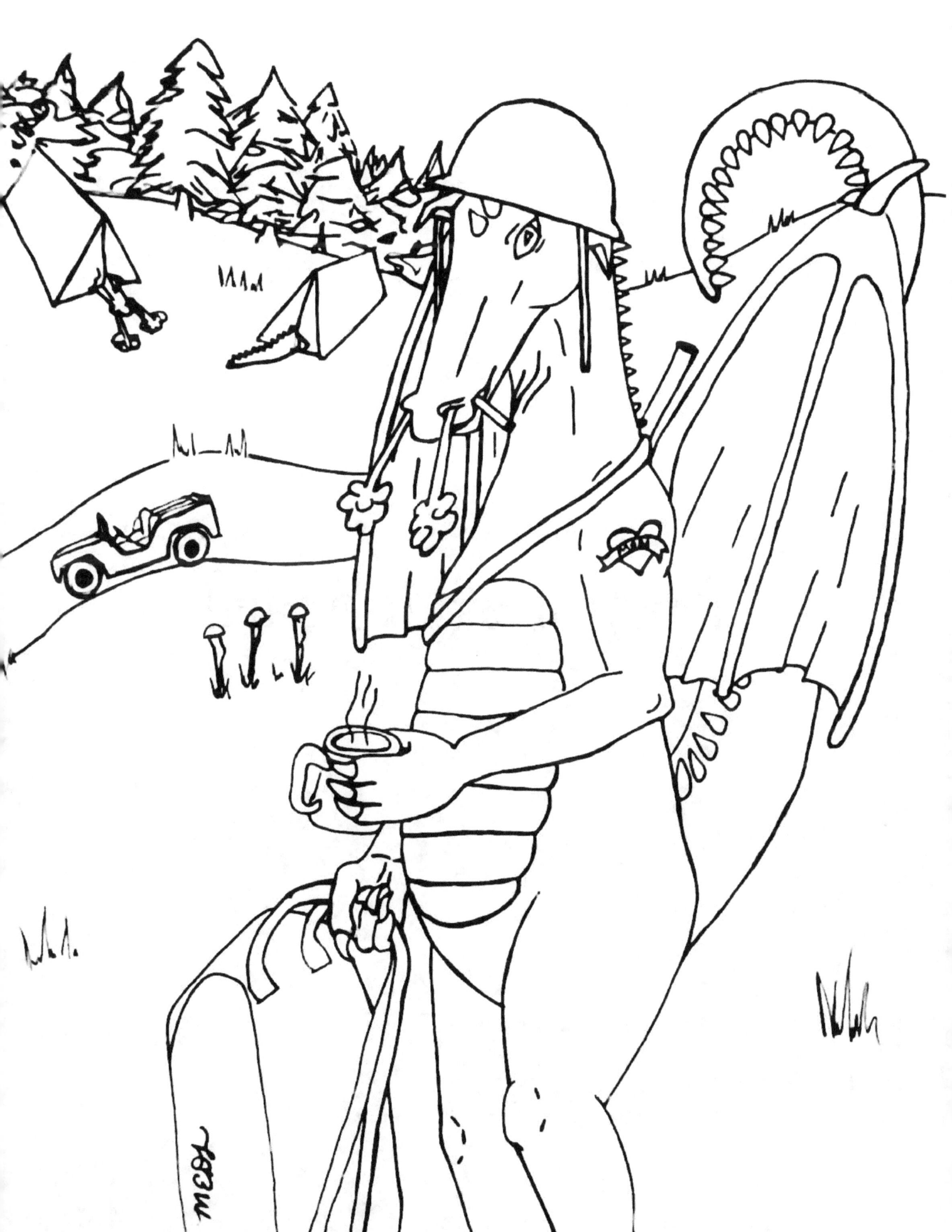

Dragon Skateboard

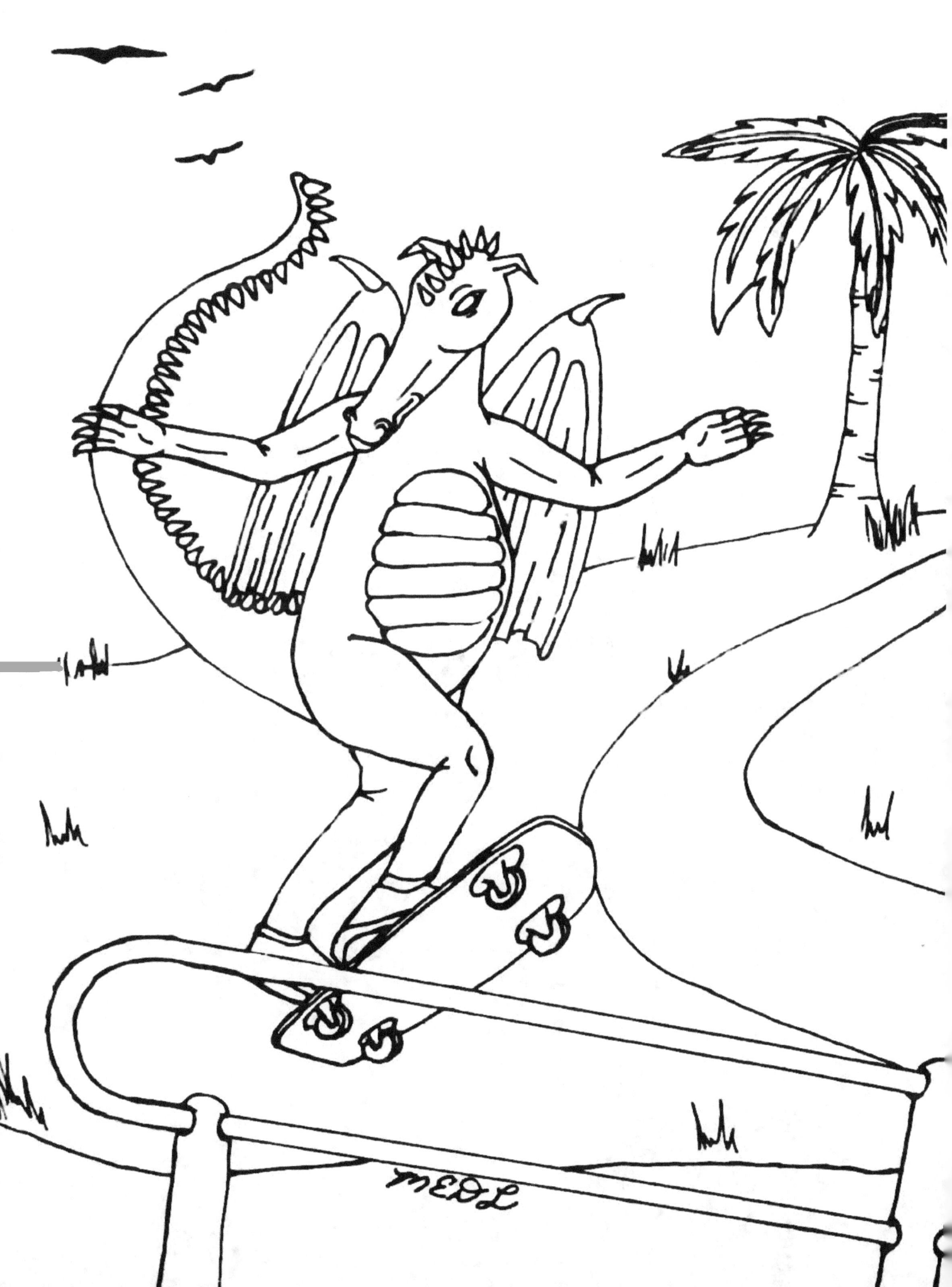

Dragon 5-K

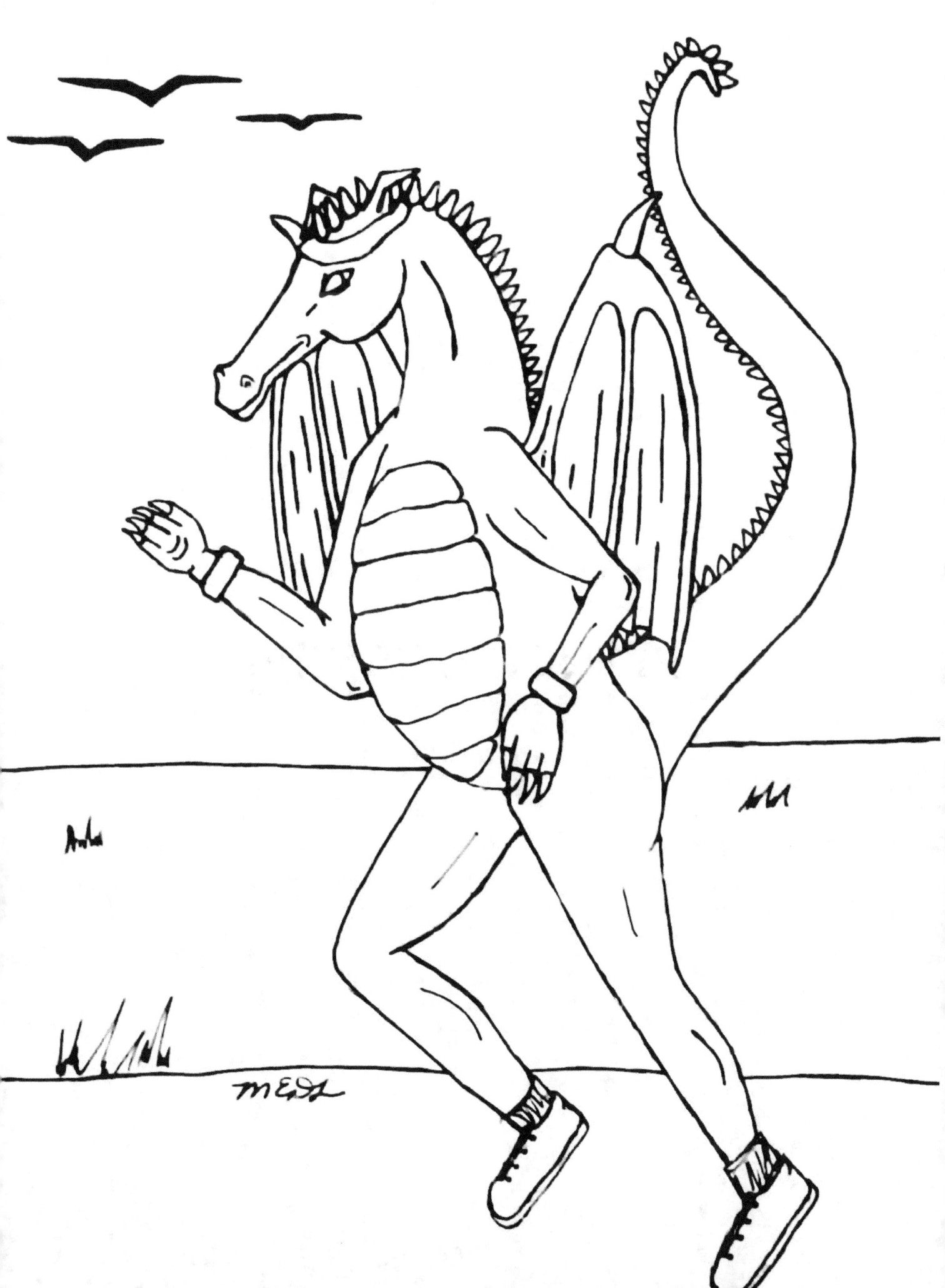

Dragon Camping

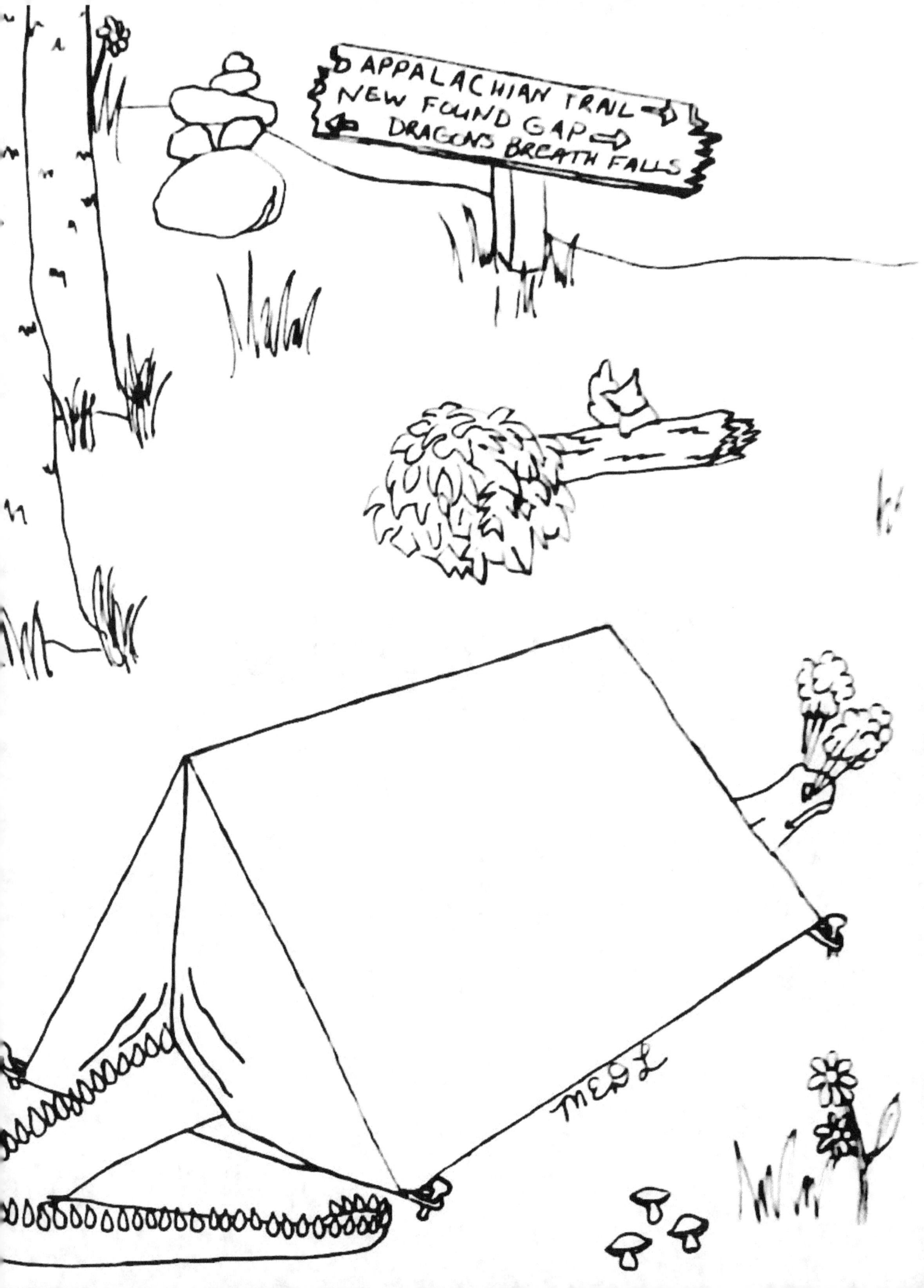

Dragon Dogwalker

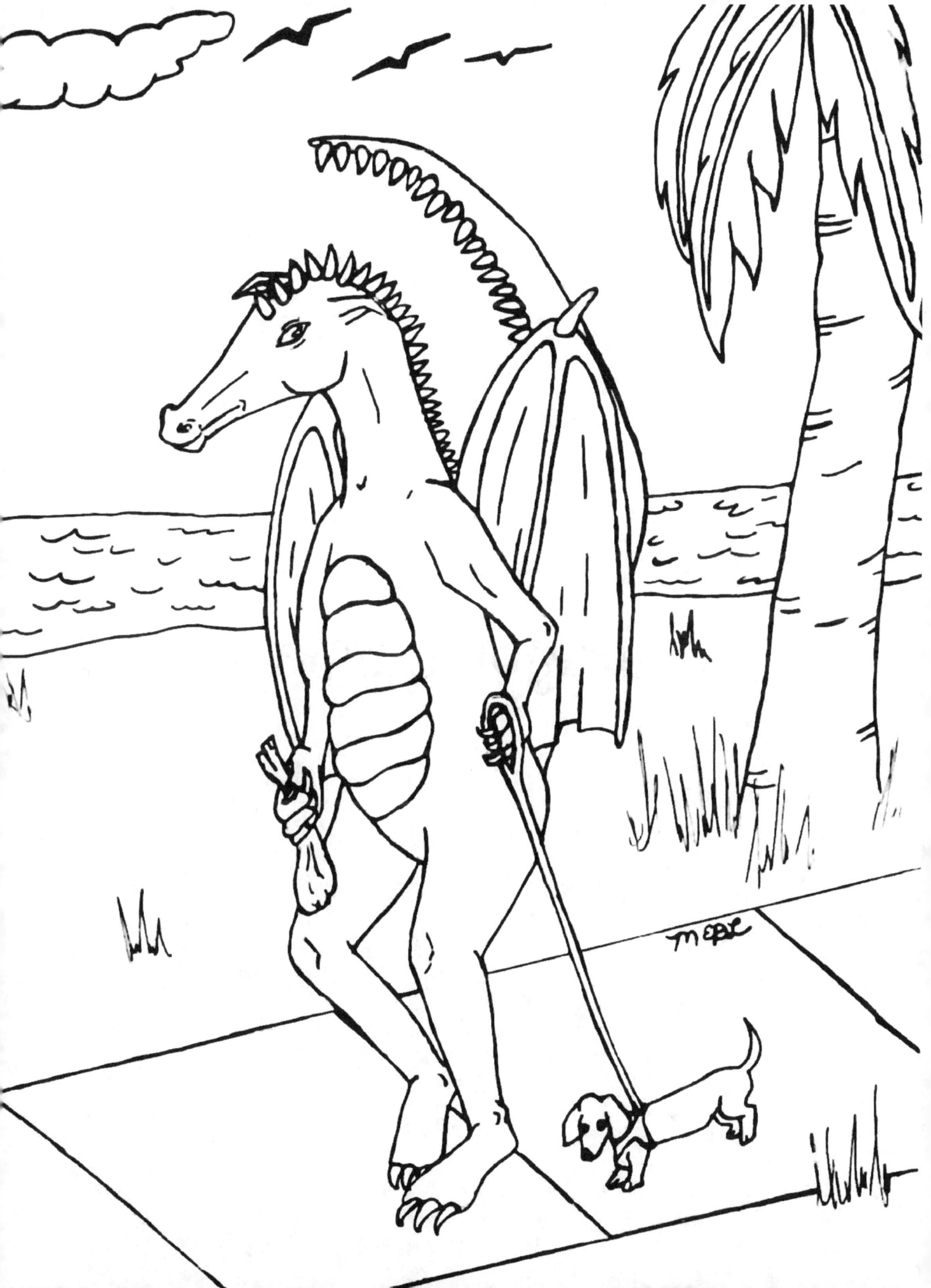

Dragon Surfer

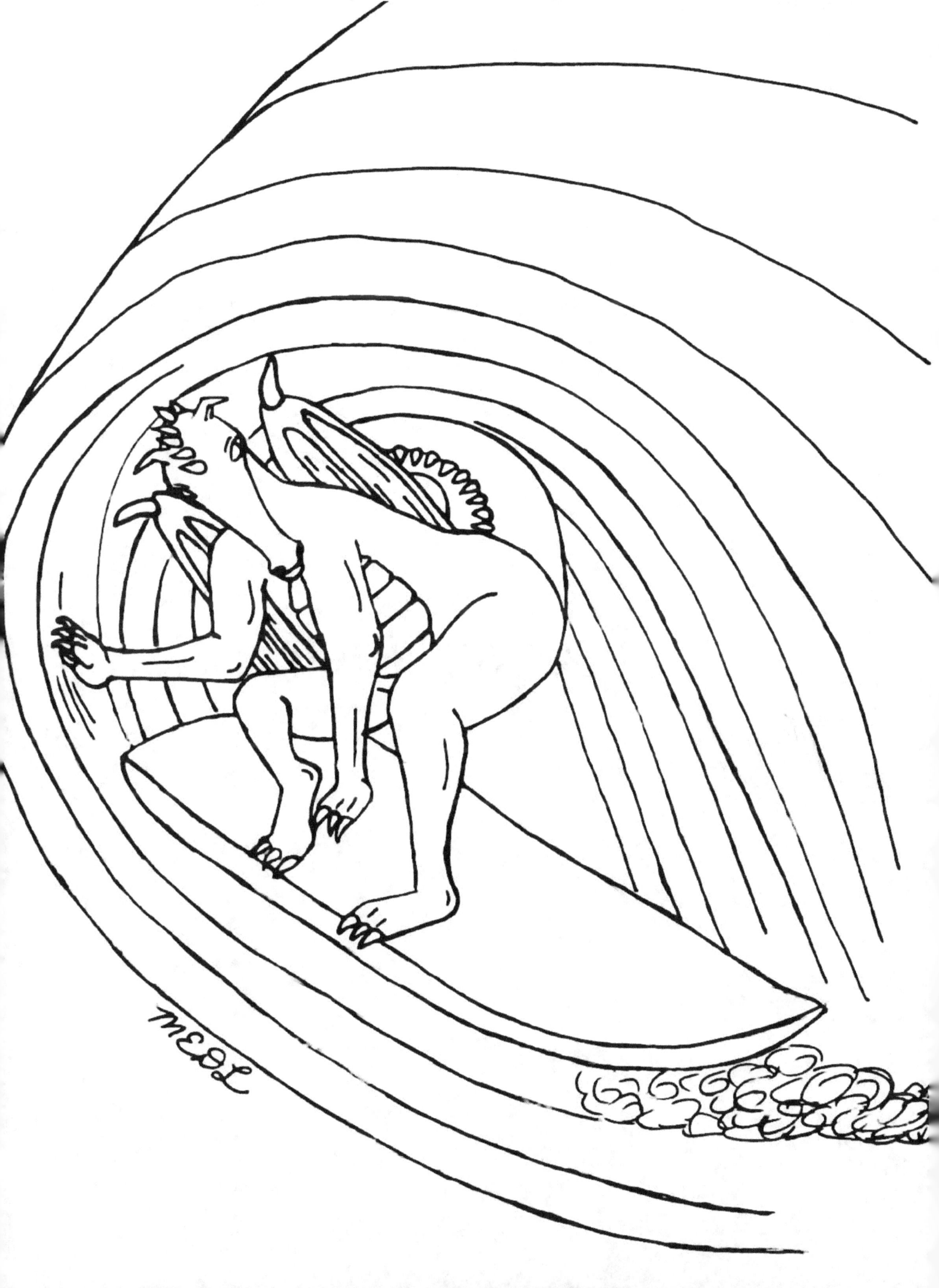

Dragon Witch

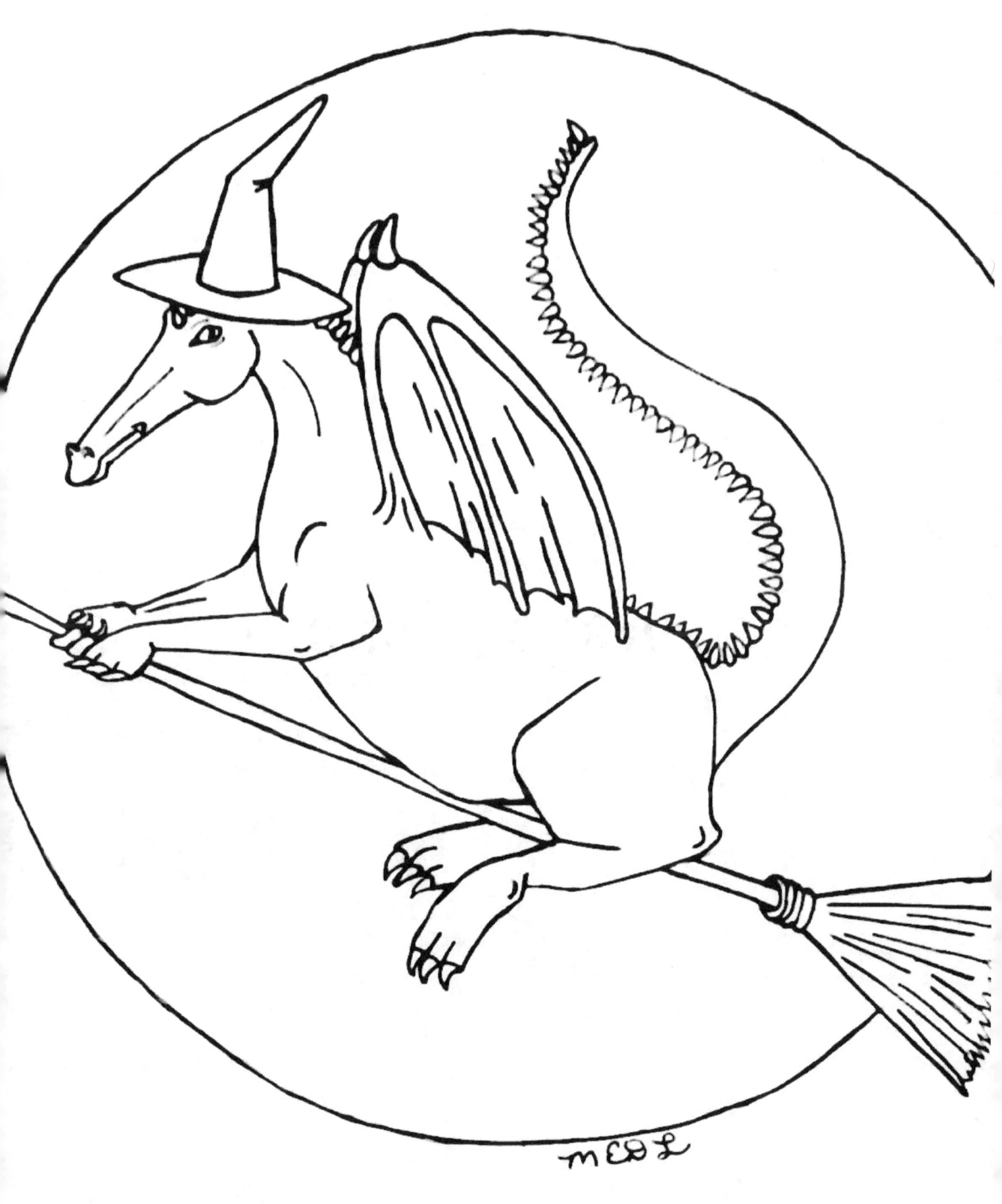

Dragon Hobo

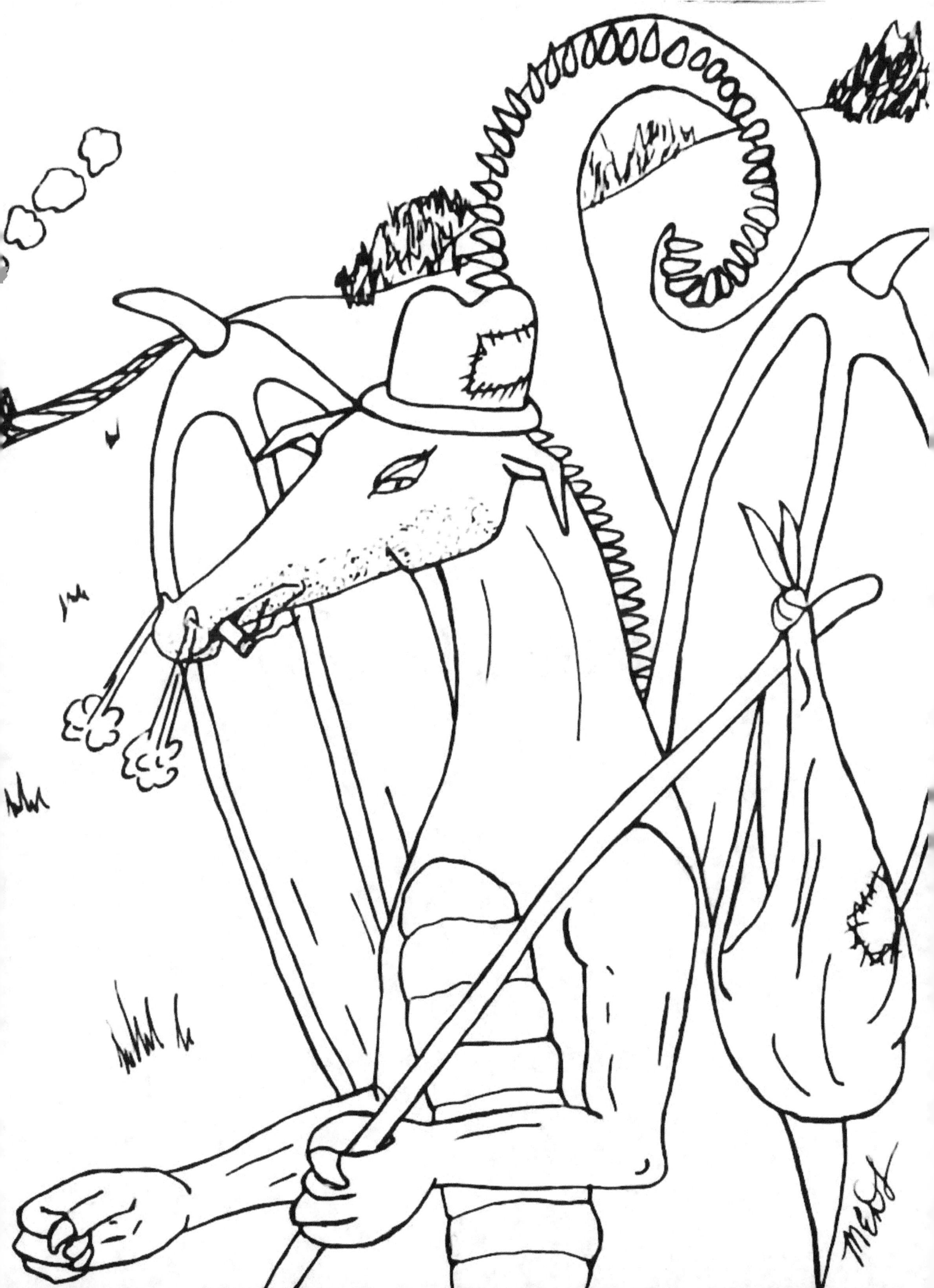

Dragon Cosplay

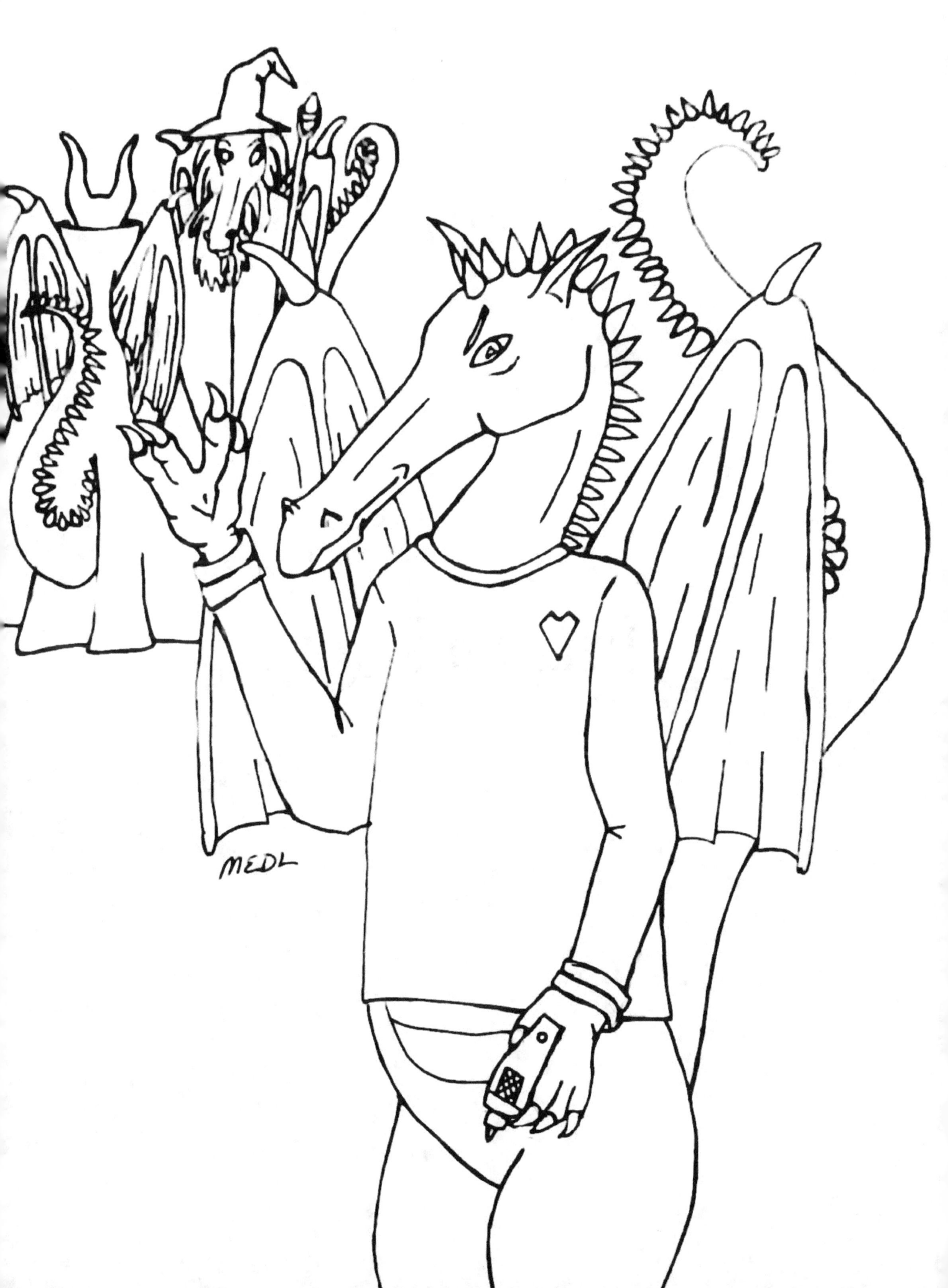

Dragon Hiker

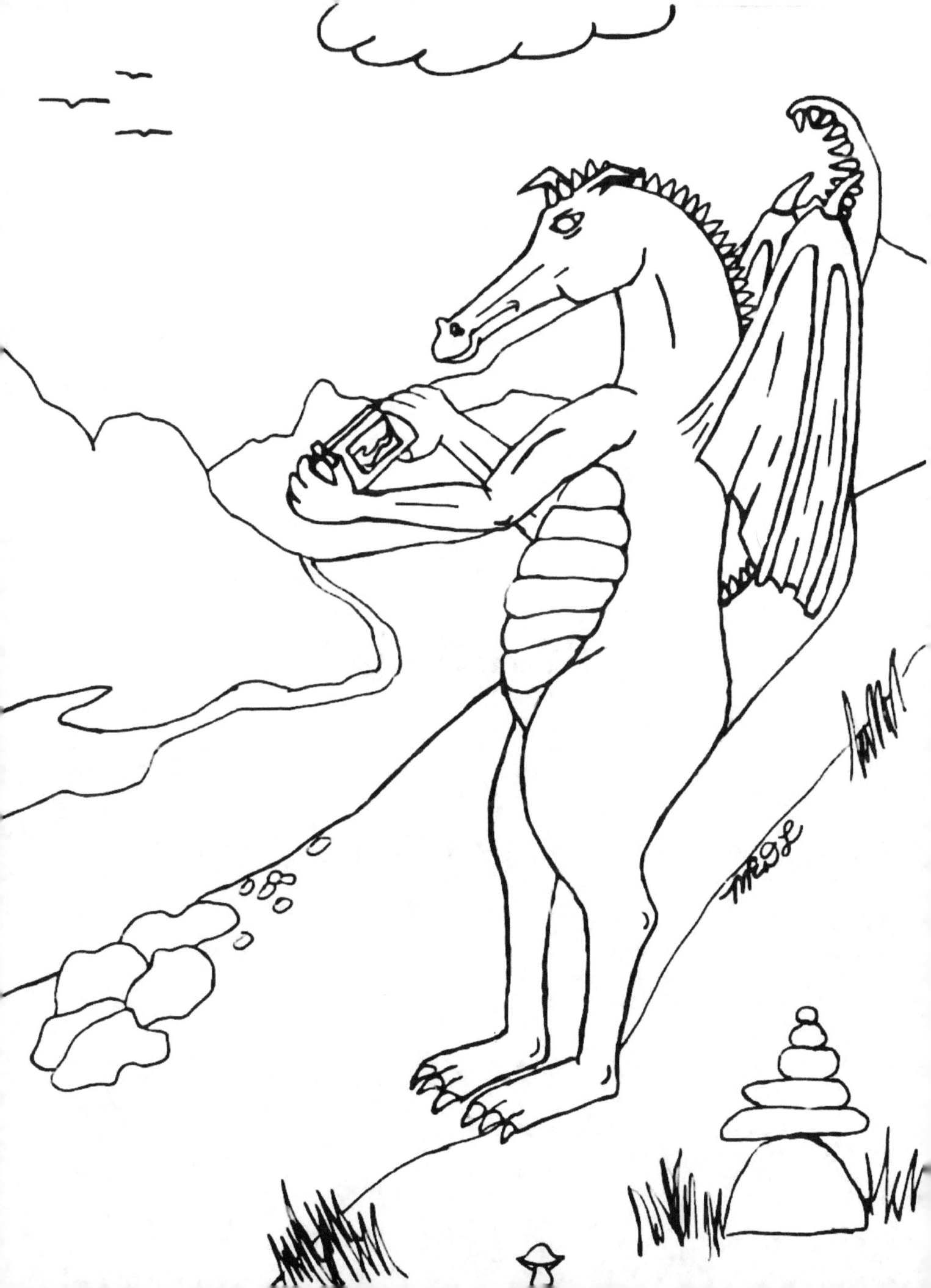

Drago Lisa

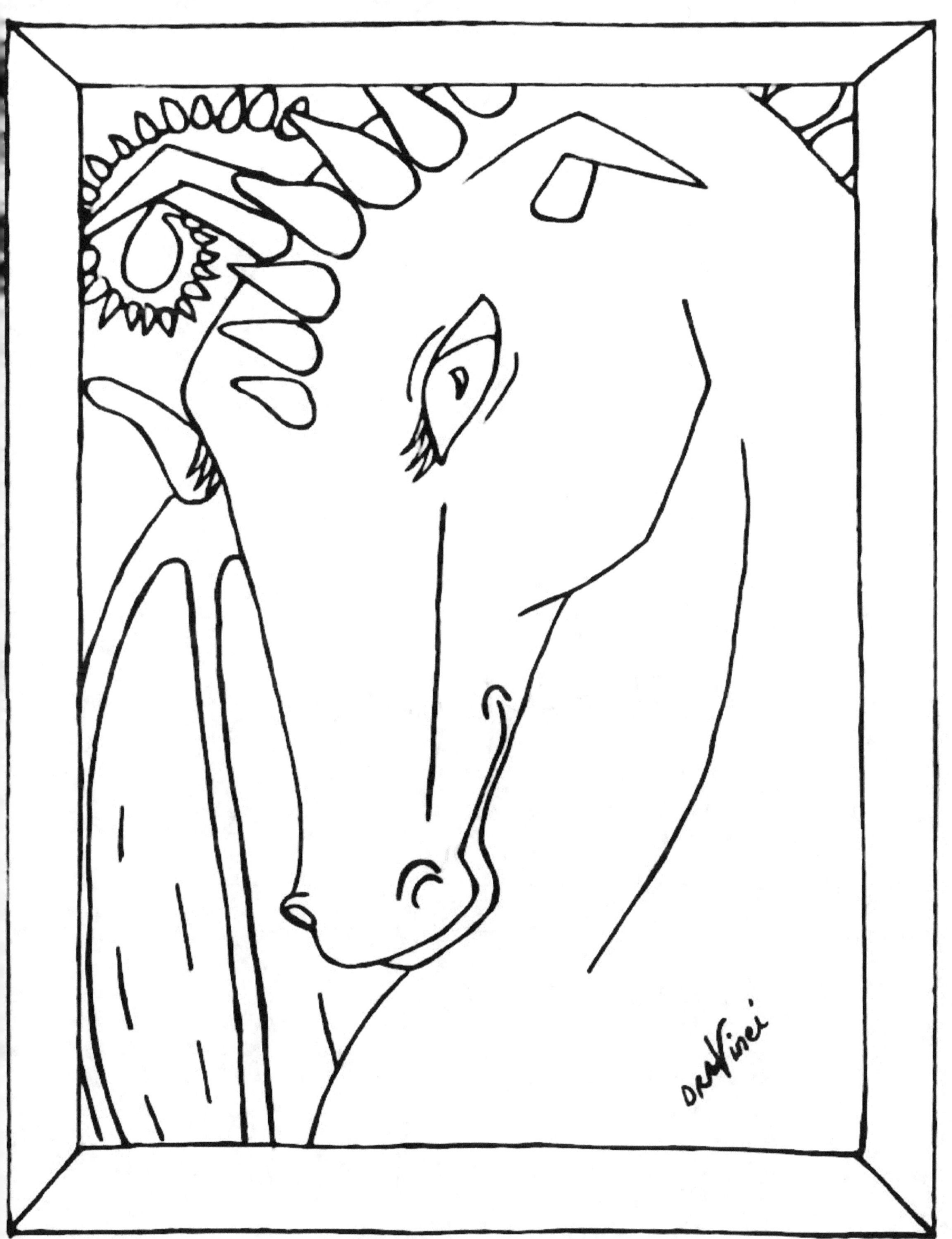

MEDL.

Dragon Mime

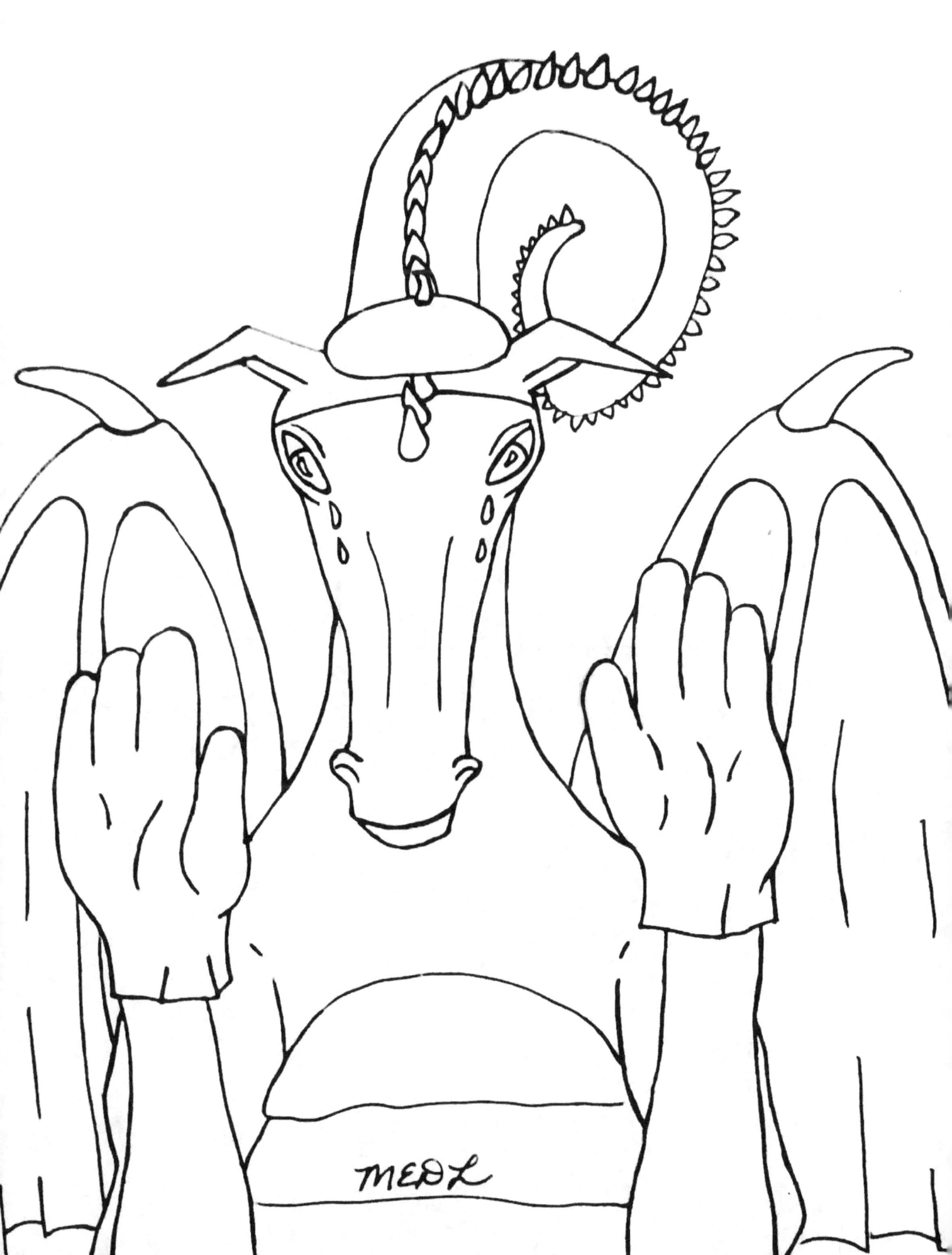

Dragon Parachute

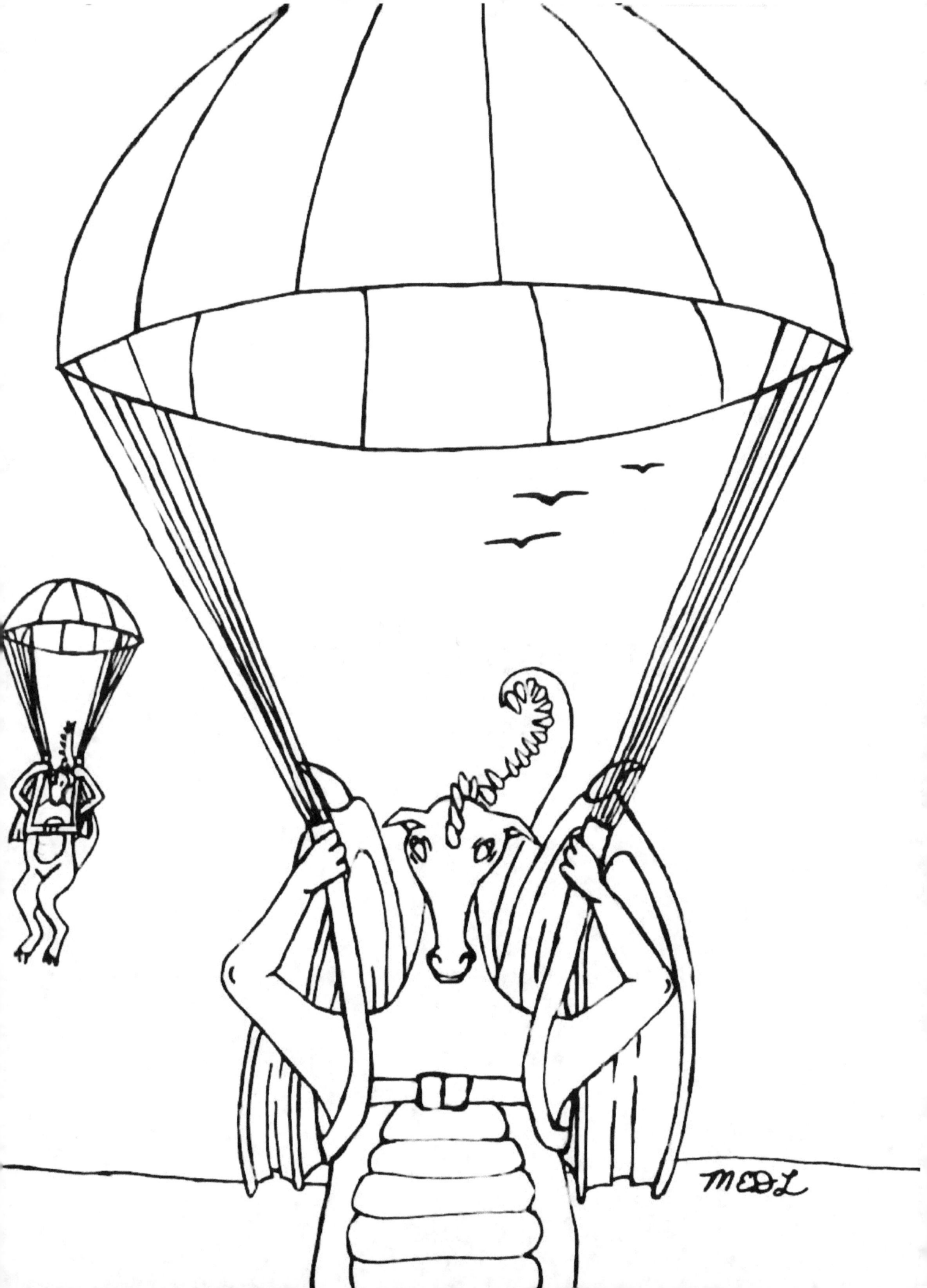

Dragon Ballerina

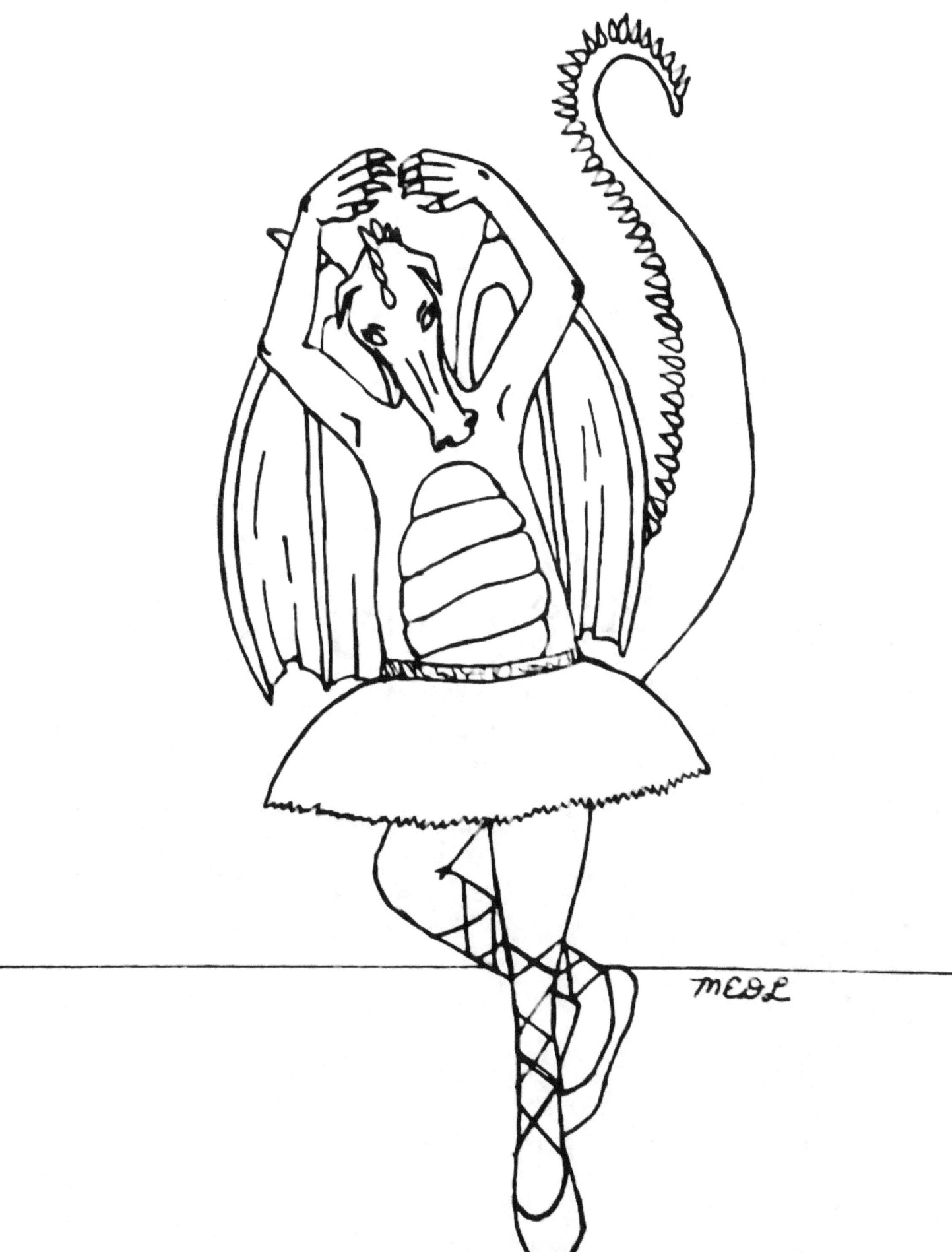

Dragon Hippy

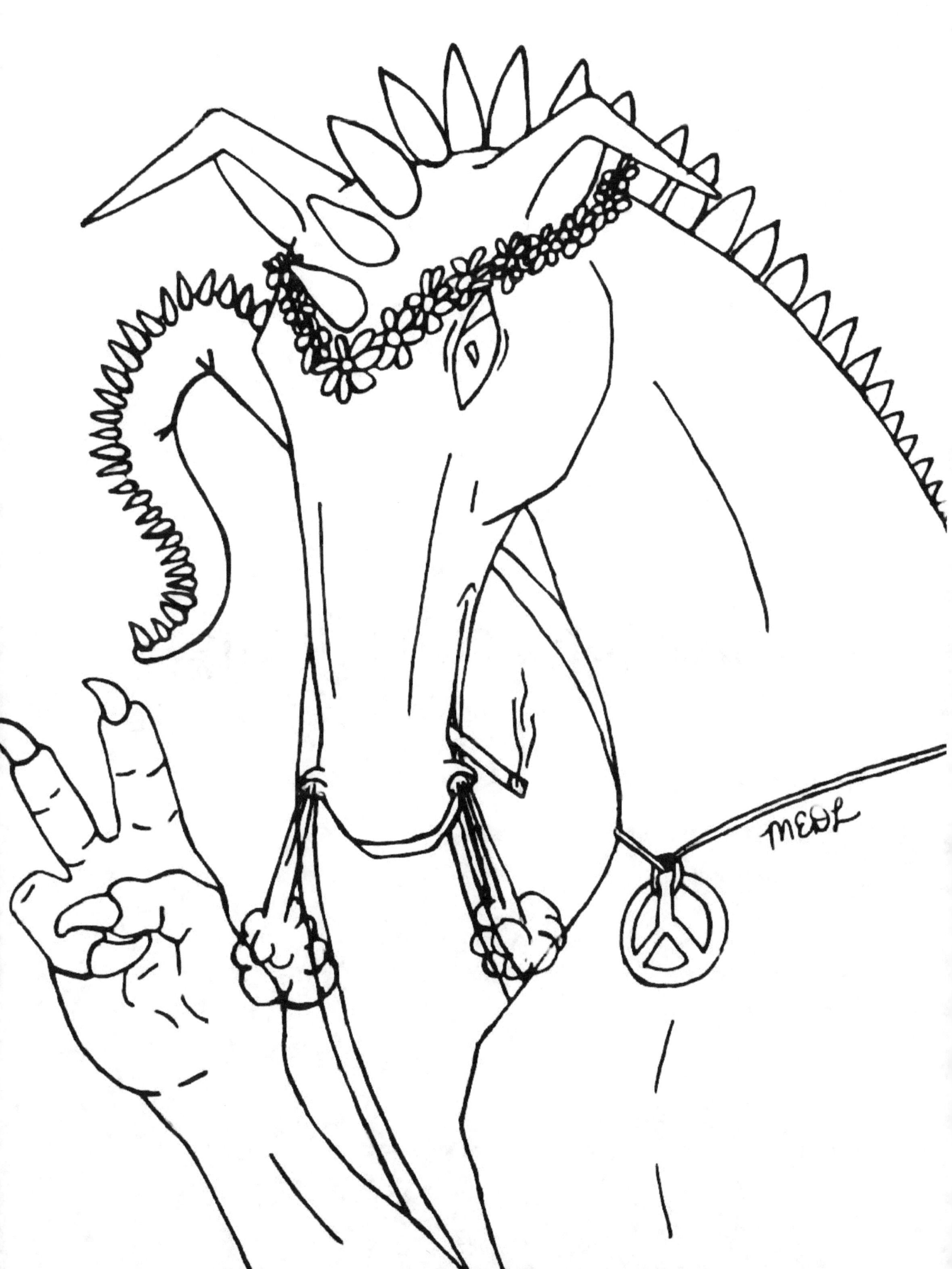

Dragon Scuba Diving

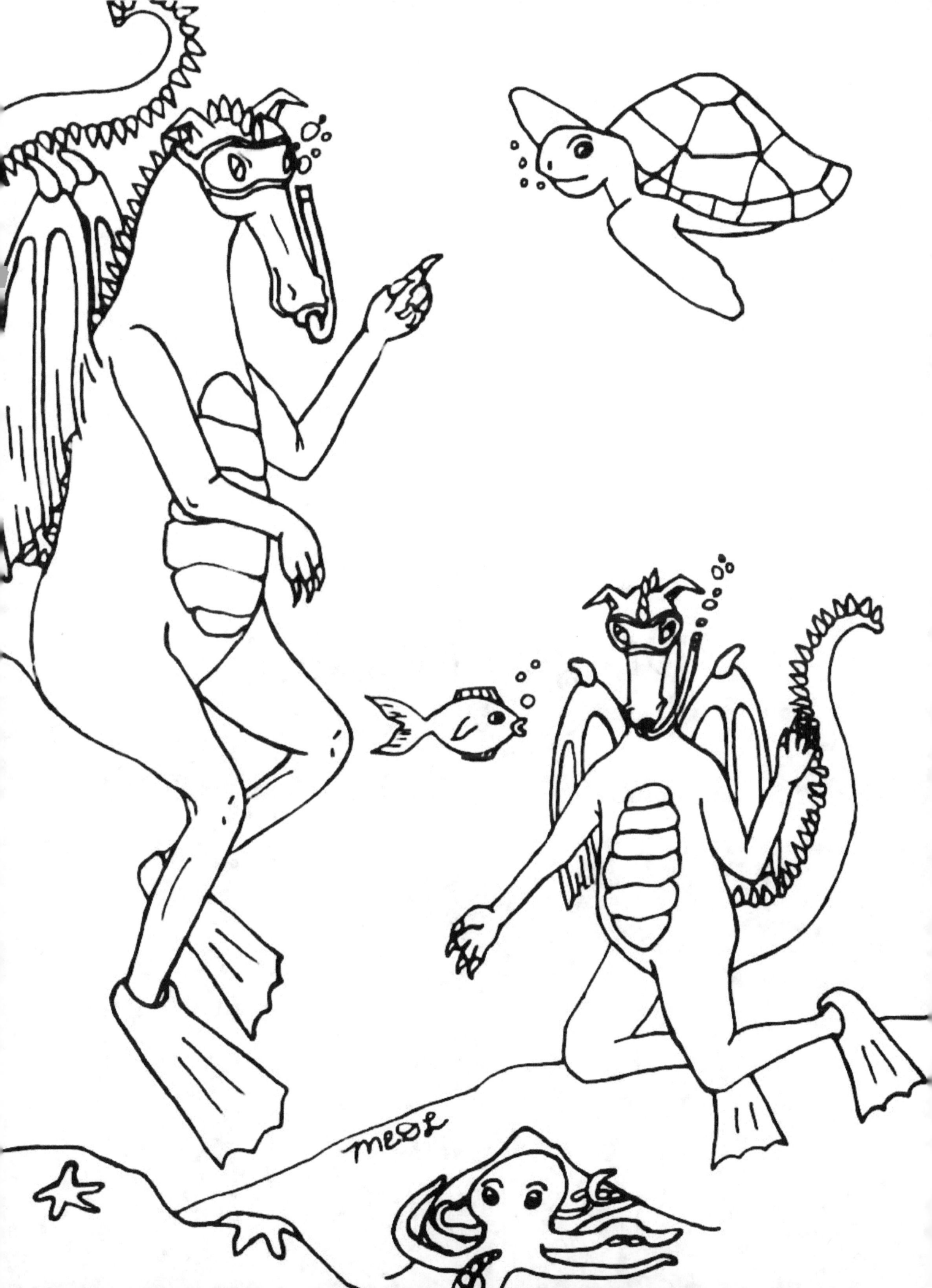

Dragon Wedding

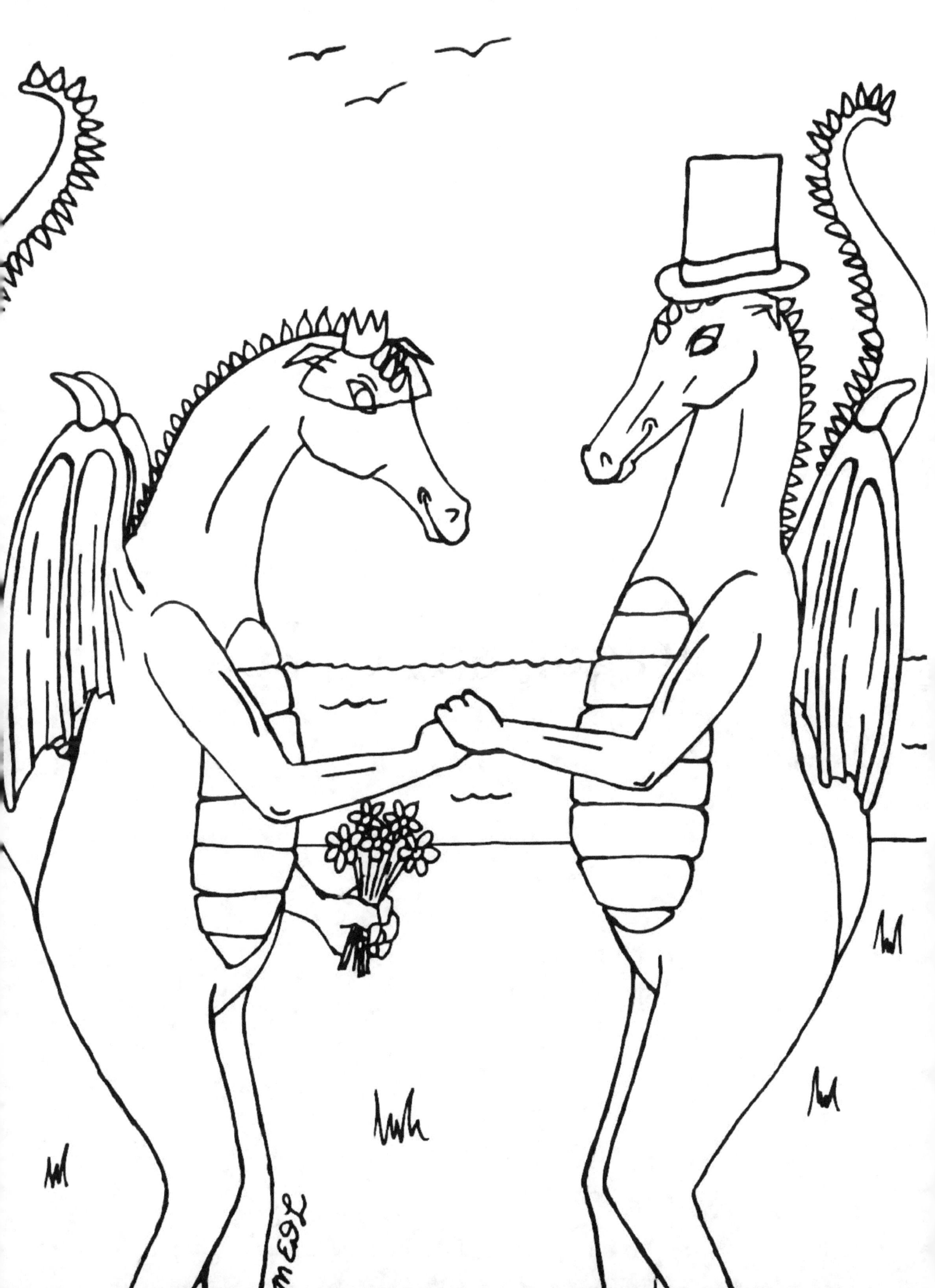

Dragon Girl on Bed

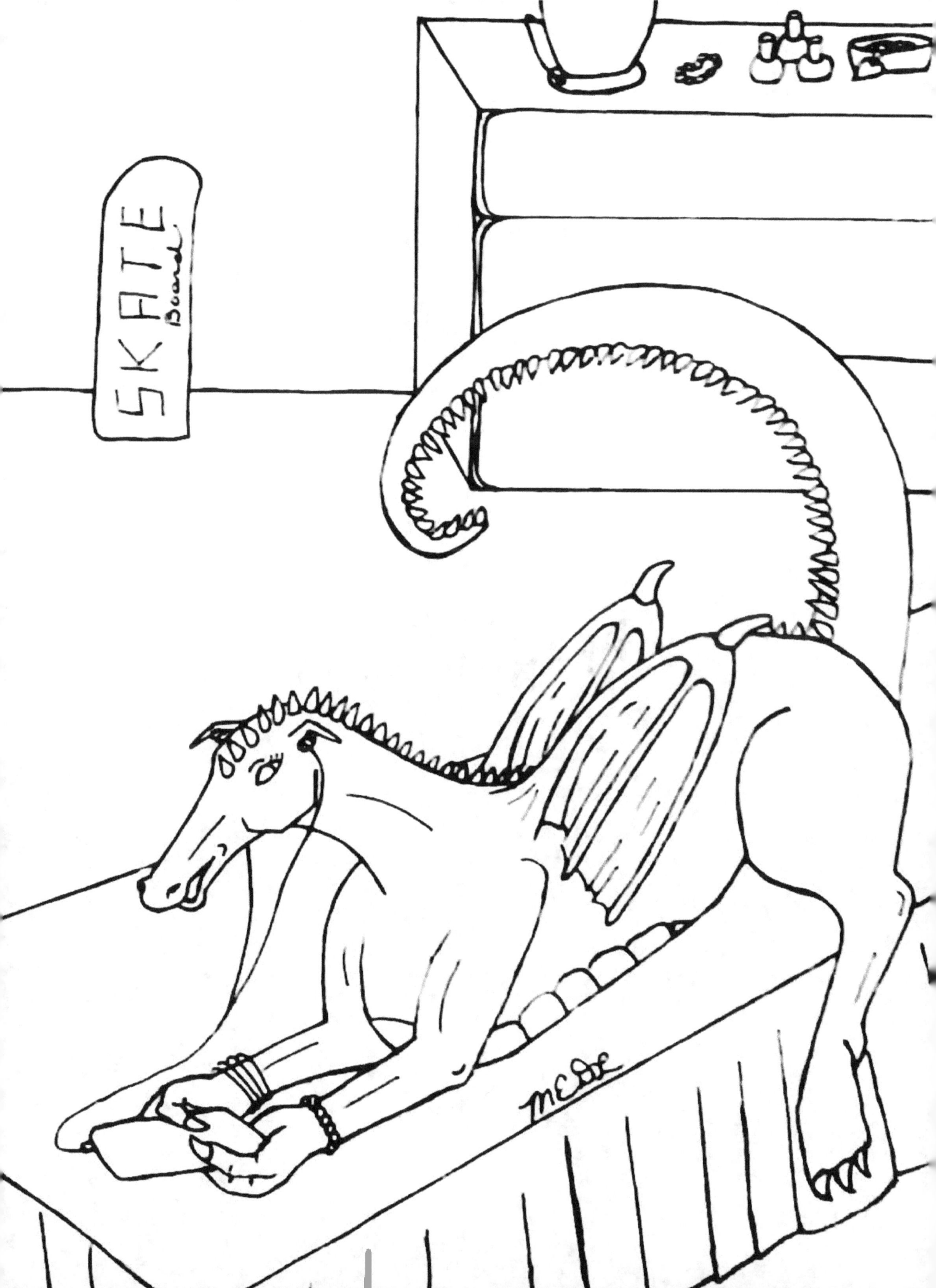

Dragon Unity

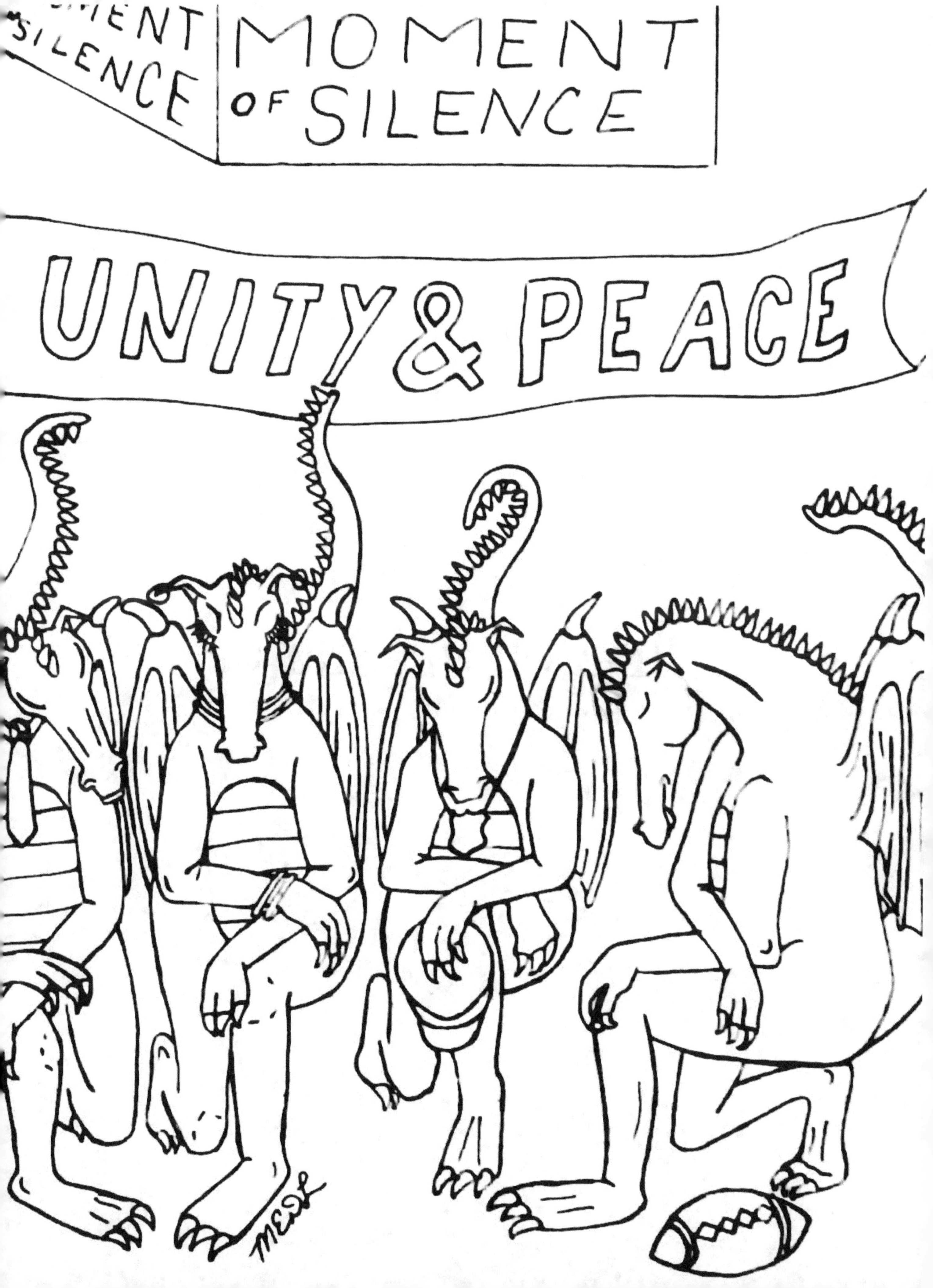
MENT SILENCE
MOMENT OF SILENCE
UNITY & PEACE
MESL

Dragon Graduate

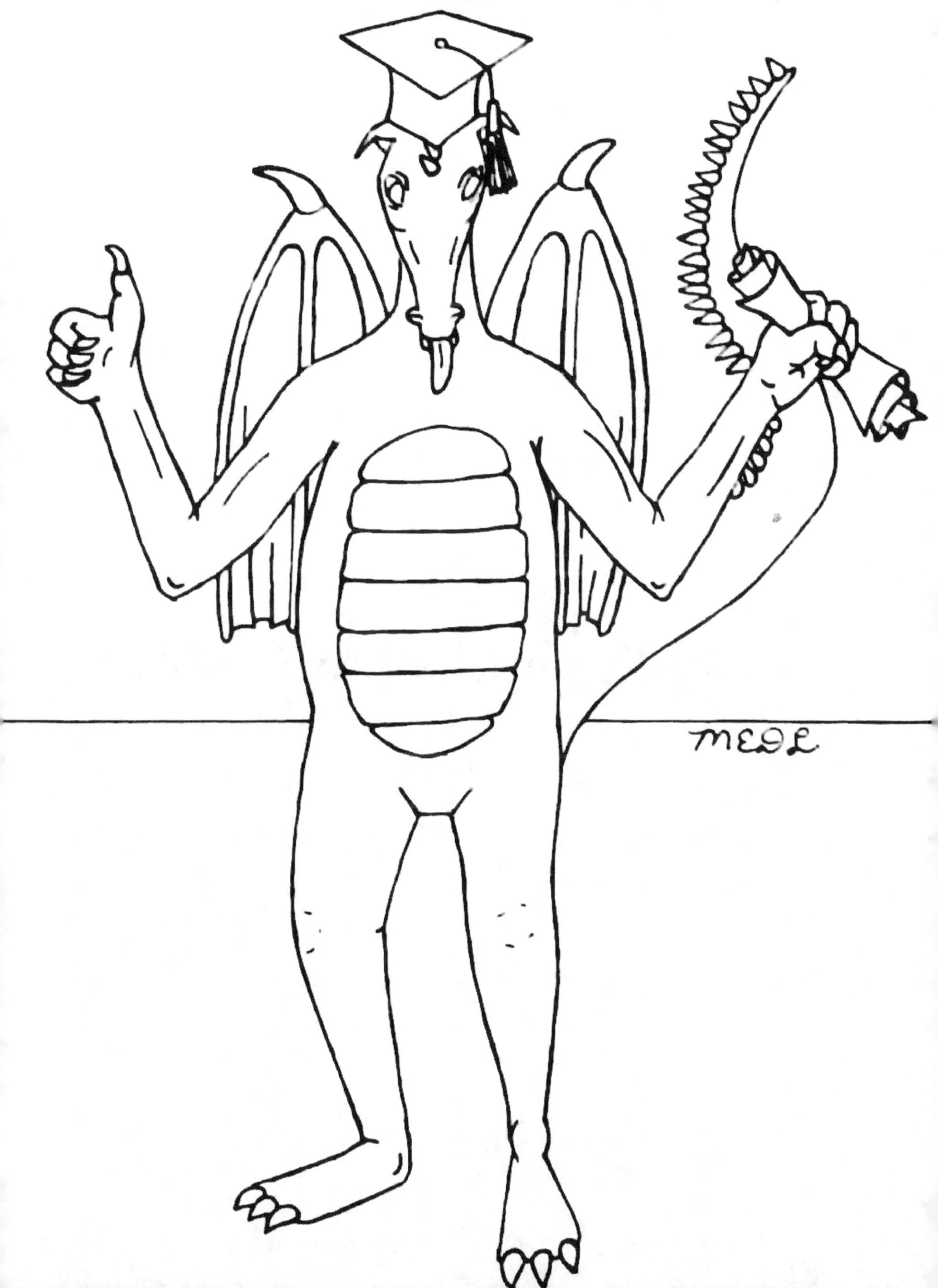

Dragon Chinese New Year

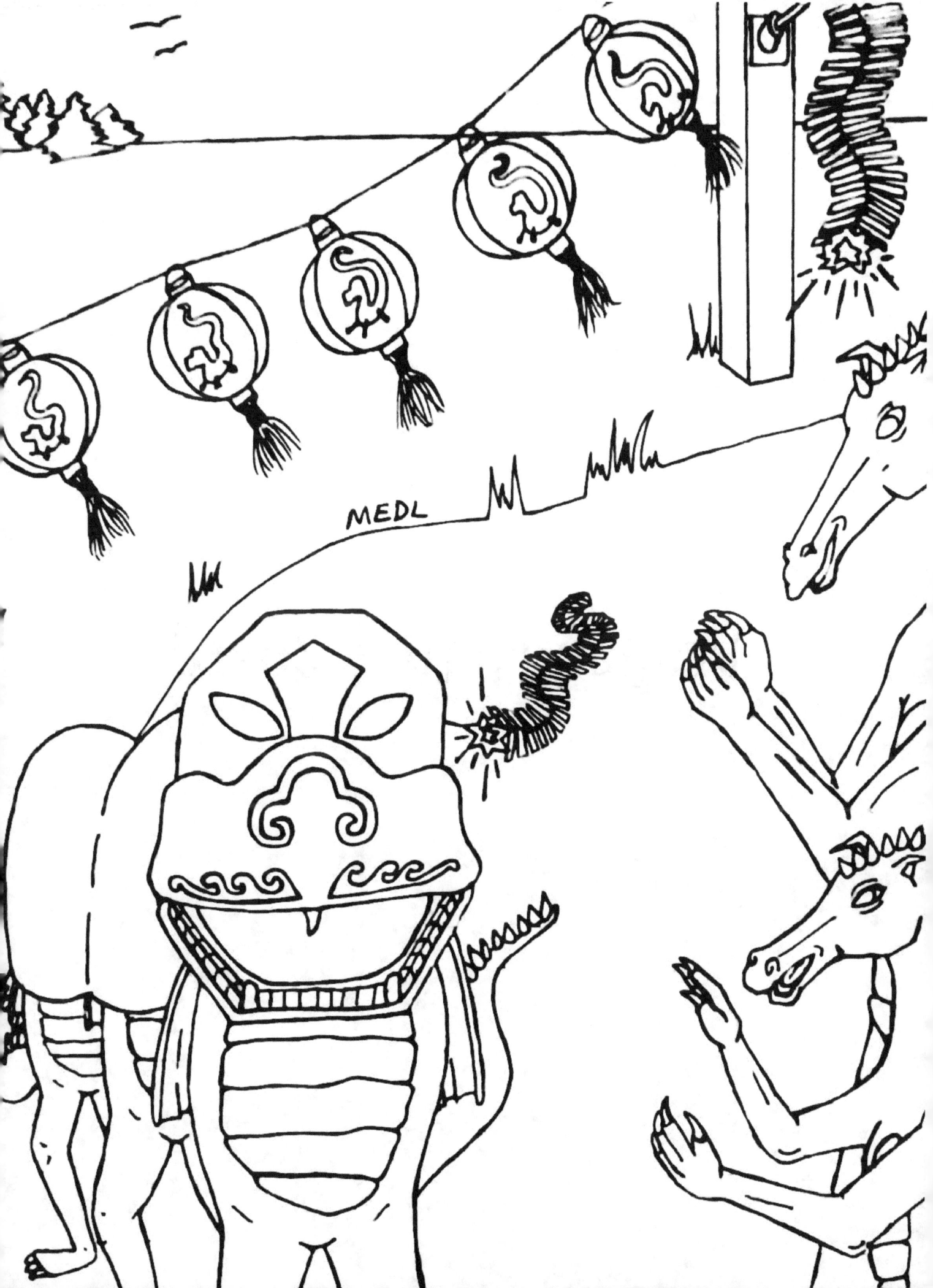

Dragon Picture Board

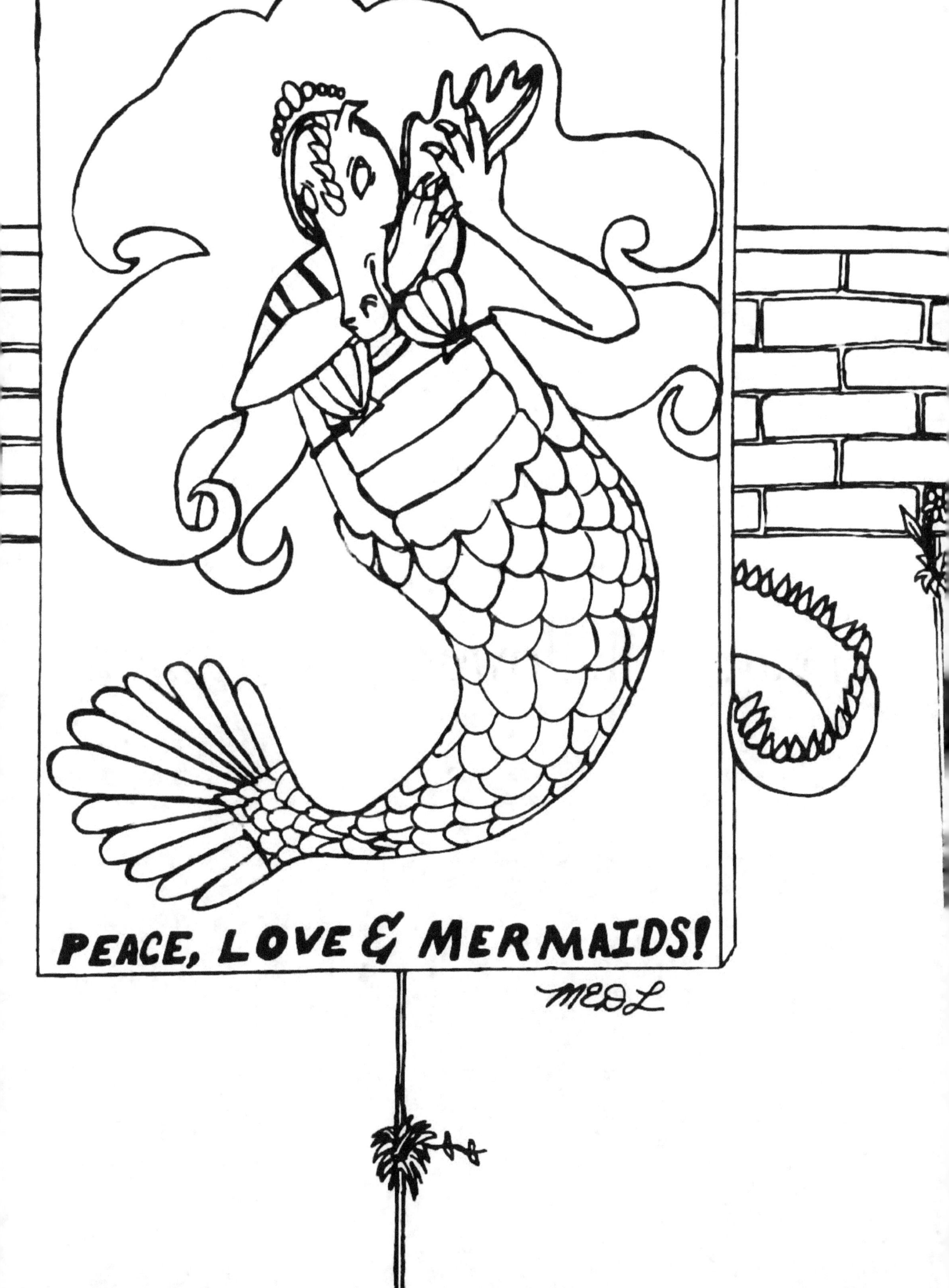

Dragon Halloween Costumes

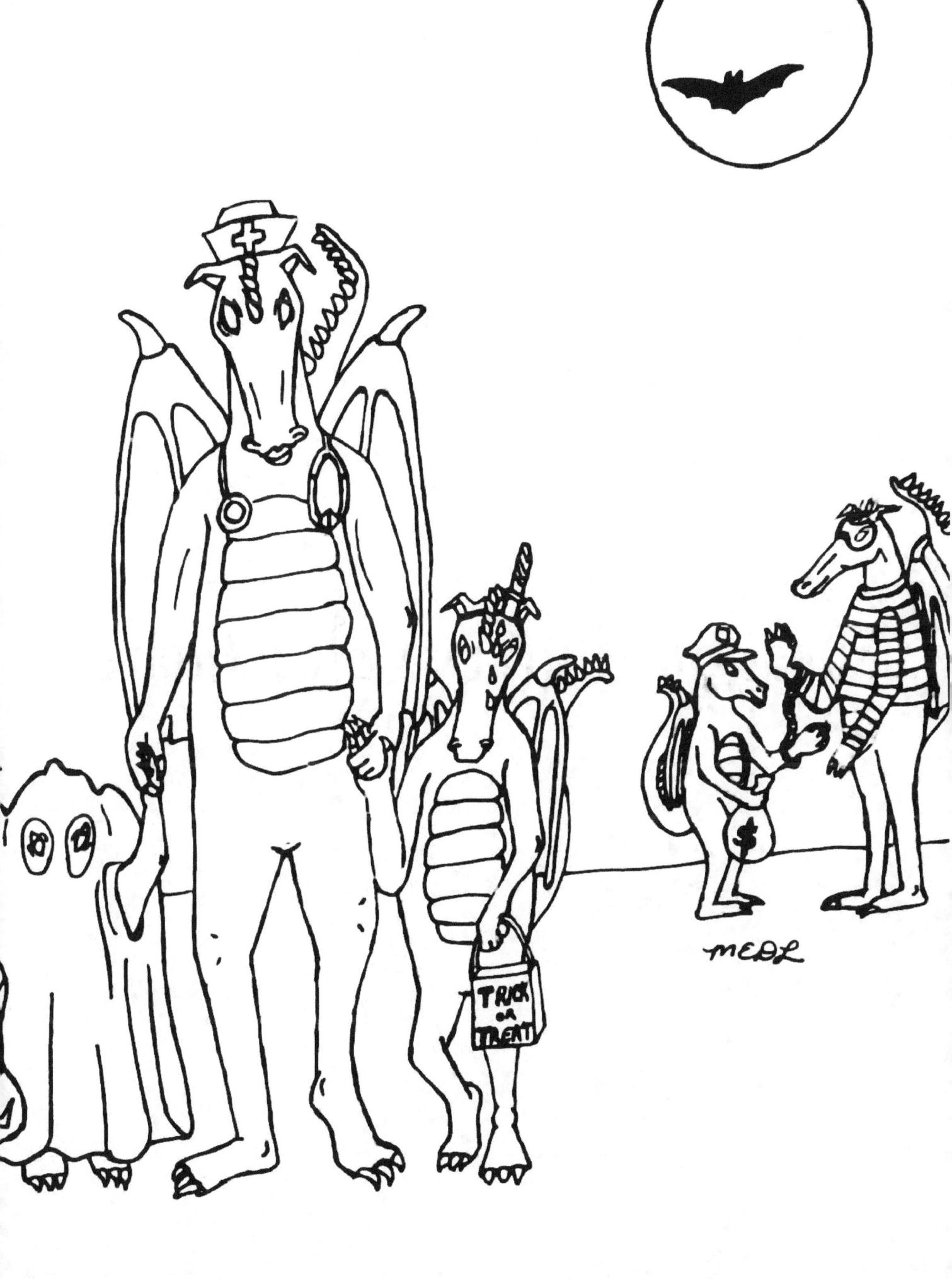

Dragon Military Color Guard

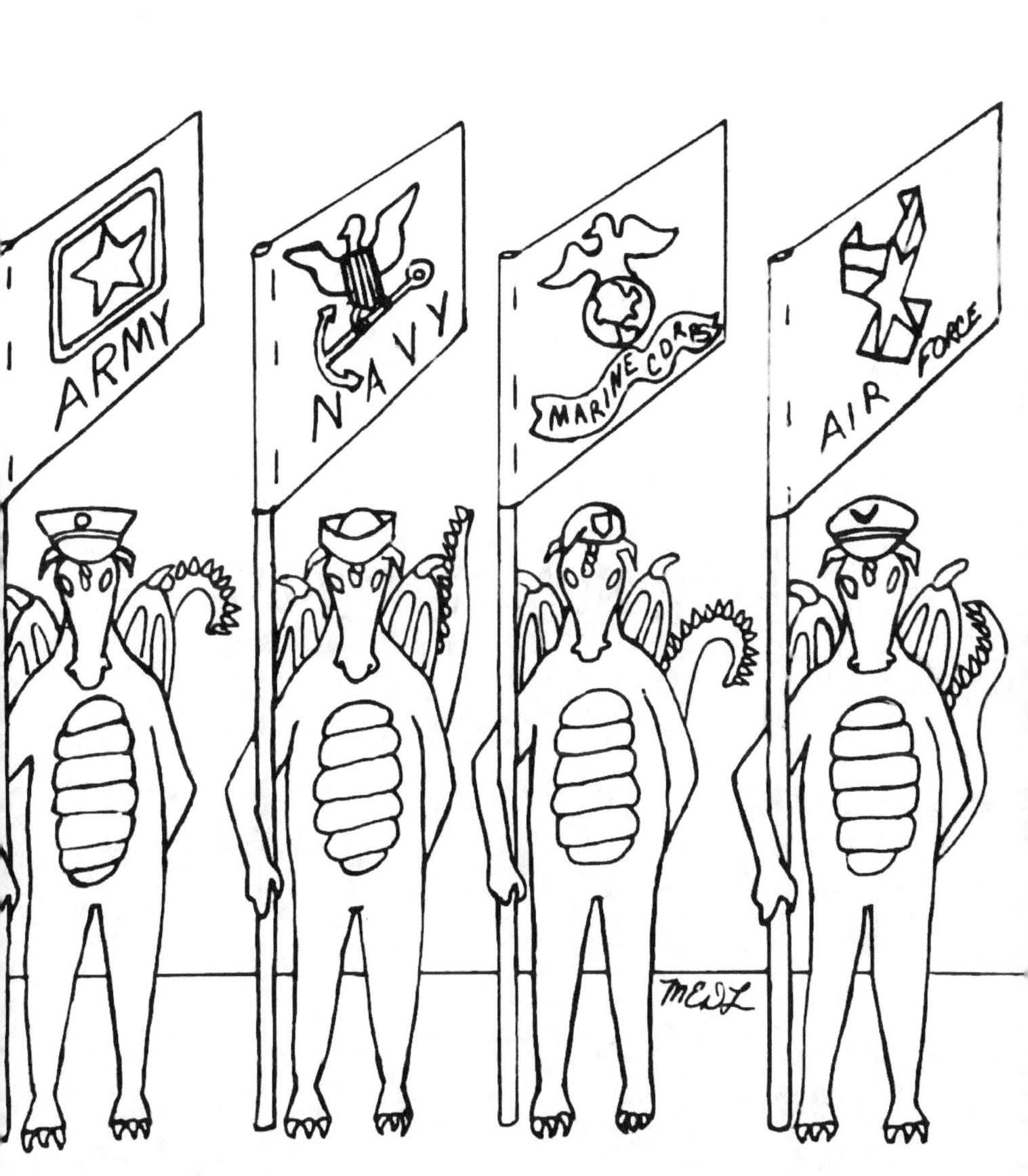

Dragon Motorcycle

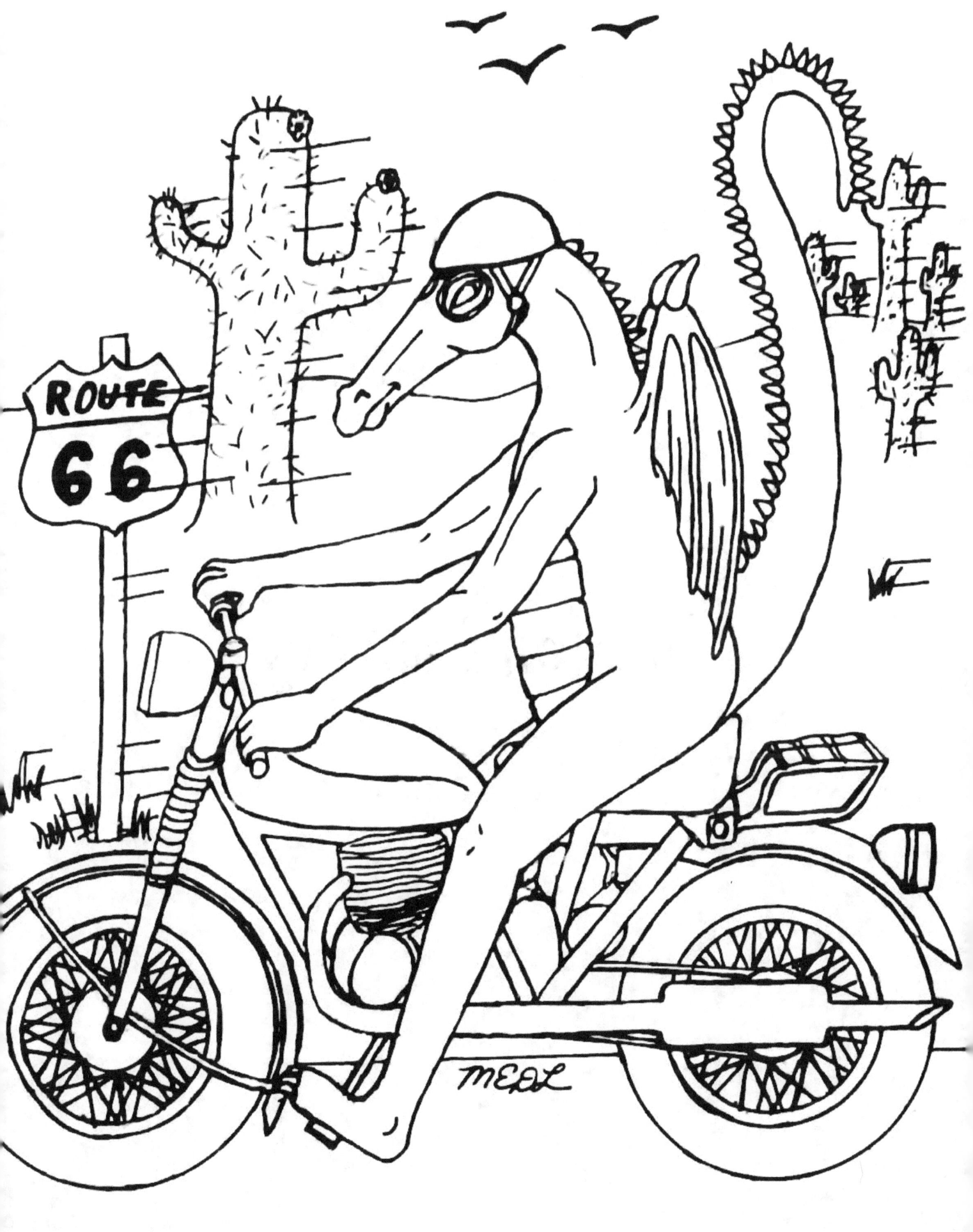

Dragon Delivery

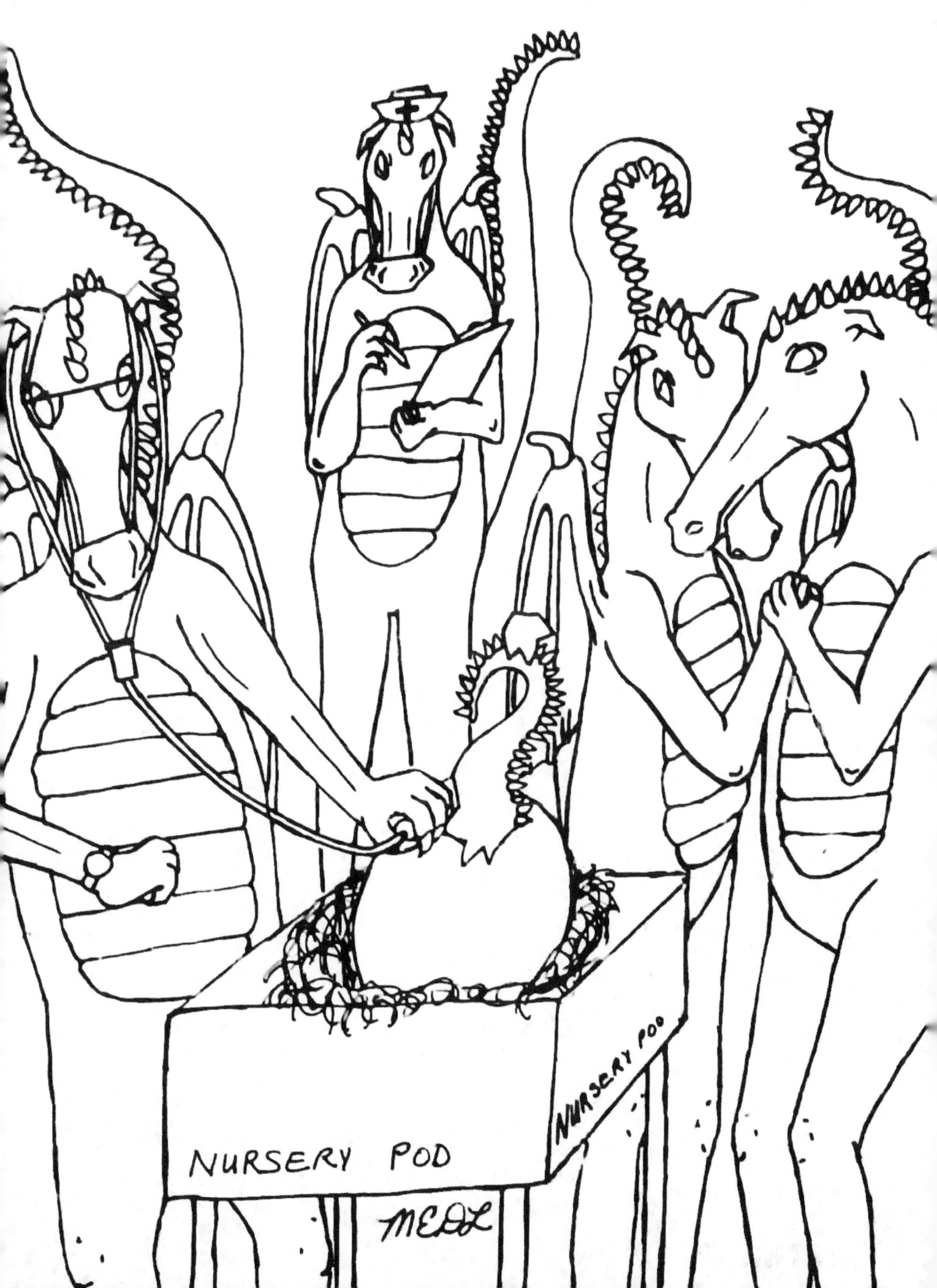